Inhalt

Üben

von Heiko Wulfert

Foto: Archiv Wulfert

Alle Übungen müssen auf das Eine ausgerichtet sein: dass die Leidenschaften überwunden und der Eigenwille gebrochen werden; dass man die Welt verachte, Gott aber liebe, dass das Fleisch bezähmt werde, der Geist sich zu Himmlischem erhebe, damit man, wenn alles Streben zur Ruhe gekommen ist, die Reinheit des Herzens und einen ruhigen Sinn habe. Du mühst dich ein wenig und findest große Ruhe. Kurz ist die Zeit unserer Pilgerschaft, aber unser Lohn wird Freude ohne Ende sein. Viele ertragen größere Lasten für die Welt, als wir für Gott. Viele ertragen Härteres und streiten tapferer für die Hölle, als wir für das Himmelreich.

Thomas von Kempen,
Brevis Admonitio spiritualis Exercitii 11

Thomas von Kempen beschreibt christliches Leben als einen Weg der Übung, auf dem der Übende geformt wird, sich verändert in das Bild Christi hinein.

Thomas von Kempen beschreibt christliches Leben als einen Weg der Übung, auf dem der Übende geformt wird, sich verändert in das Bild Christi hinein (2. Kor. 3,18) – diese Gedanken finden sich schon bei Origenes, der darin der Habitus-Vorstellung des Aristoteles folgt: Durch Wiederholung tugendhafter Akte entsteht eine gefestigte Haltung (habitus, hexis), die es dem Menschen ermöglicht, zwischen den Extremen des Zuviel und Zuwenig die goldene Mitte eines guten und tugendhaften Lebens zu finden. Die neutestamentlichen Bilder des christlichen Streiters (Eph. 6,13–17) führten zu einer Verbindung des Übens (*exercitium*) mit dem Bild des Soldaten (*miles*).

In der Zeit der Kreuzzüge wurde dieses Bild immer wieder aufgenommen und besonders auf die Ritterorden angewandt, wofür die Schrift Bernhards von Clairvaux »Liber ad milites templi de laude novae militiae« beredtes Zeugnis ablegt. Nach dem Ende der Kreuzzugsbewegung erhielt sich der Begriff des geistlichen Streiters (miles christianus) und wurde auf den geistlichen Kampf des Christen übertragen, wie es Erasmus von Rotterdam im »Enchiridion militis christiani« tut. Das gilt auch für Ignatius von Loyola und seine Exerzitien, obwohl er den Gedanken des Übens dort gerade von seinem militärischen Hintergrund her mit konsequenter Kraft durchführt.

Weit über den spirituellen Hintergrund hinaus hat das Üben in allen Bereichen des Menschseins und der Kultur seine Bedeutung. Den hohen Wert des Übens betont der Pädagoge Otto Friedrich Bollnow in seiner bedeutenden Schrift »Vom Geist des Übens«. Gegen eine Vernachlässigung des Übens betont er dessen lebenslange Bedeutung. Über ein Können kann nur verfügen, wer es immer wieder übt. Üben dient einer Entwicklung der Individualität, die dem Sog der Allgemeinheit widerstehen kann. Bollnows wichtigen Gedanken ging Gabriele Klappenecker in ihrer Bedeutung für die Religionspädagogik nach in ihrem Buch »Offenheit für die Fülle der Erscheinungen. Das Werk Otto Friedrich Bollnows für eine phänomenologisch orientierte Religionspädagogik« (2007).

Über ein Können kann nur verfügen, wer es immer wieder übt.

Diese Ausgabe des Quatember greift verschiedene Aspekte des Leitthemas »Üben« auf. Horst Stephan Neues stellt den auf Karl Bernhard Ritter zurückgehenden Weg des »Geistlichen Pfades« vor. Steffen Tiemann widmet sich dem Thema der Bildung von Gewohnheiten. Die Arbeit der Balintgruppen als besondere Form gemeinsamen Übens in ihrer Bedeutung besonders für die Krankenhausseelsorge betrachtet Donald Orlov Wehmann. Ulrich Koring widmet dem »Üben« eine grundsätzliche biblische Darstellung mit Beispielen aus dem Werk Helmuth Uhrigs.

Holger Eschmann widmet sich dem Verhältnis von Spiritualität und Gesundheit aus theologischer und humanwissenschaftlicher Sicht. In Anknüpfung an das Gedenken des Bauernkrieges 1525 betrachtet Andreas Lindner das In- und Widereinander von Geist und Schrift in der Kirchengeschichte bis zur Gegenwart. Als Mitglied des Doberaner Klosterkonventes gibt Martin Grahl ein lebendiges Beispiel für lebendige Liturgie und geistliches Leben, getragen in und für eine ermattete Kirche.

Allen Leserinnen und Lesern des Quatember wünsche ich eine anregende Lektüre und eine gesegnete Passions- und Osterzeit.

Ihr Heiko Wulfert

Der Geistliche Pfad als Übungsweg

von Horst-Stephan Neues

Wenn sich die aktuelle Ausgabe des Quatember mit dem Thema »Üben« befasst, so denke ich zwangsläufig auch an den Geistlichen Pfad unserer Michaelsbruderschaft.

Dieser Geistliche Pfad ist ein Übungsweg.

Dieser Geistliche Pfad ist ein Übungsweg.

Vorbereitende Übungen des Schweigens (Stillemeditation, Atemmeditation) sowie die Einkehr ins Leibeshaus (Körperübungen) sind allererste Schritte auf dem Übungsweg. Diese Übungen dürfen nicht zu kurz kommen. Die Meditation der Geborgenheit im Kosmos und die wartende, geöffnete Haltung der Kelchmeditation sind ebenfalls erste Schritte auf dem Übungsweg.

Definition des Übens und Anwendung in der Verhaltenstherapie:

Laut Wikipedia bedeutet »Üben«, eine Tätigkeit durch ständiges Wiederholen zu lernen und zu perfektionieren, um eine Tätigkeit zu erlernen oder zu verbessern. Das Wort ist ein Synonym für »trainieren« und »einstudieren«.

Als Verhaltenstherapeut ist mir der Begriff »Üben« aus meiner Berufspraxis auch sehr vertraut.

In der Verhaltenstherapie üben Patienten, neue Verhaltensweisen zu erlernen, indem sie direkt an ihren Problemen arbeiten. Sie üben, immer wiederkehrende Gedanken zu verändern (kognitive Therapie). Im Rollenspiel üben sie neues Rollenverhalten. Sie erlernen übend Entspannungstechniken wie Progressive Muskelentspannung oder autogenes Training.

In der Verhaltenstherapie wird dabei auch auf sogenannte »Hausaufgaben« Wert gelegt. Ob und wie sie von dem Patienten durchgeführt werden, ist auch Hinweis auf seine Motivation zur Veränderung. Wichtig ist, dass die Übungsaufgaben individuell an die Bedürfnisse und die Lebenslage angepasst werden und die Patienten einen Sinn in den Übungen sehen. Wesentlich ist dabei auch, eine Brücke zu schaffen zwischen Alltag und Übungen.

Schon der letzte Satz stellt eine große Herausforderung für viele dar.

Üben des Geistlichen Pfades

Auch der Geistliche Pfad braucht Zeit zum Üben und Anleitung eines Erfahrenen.

Der Geistliche Pfad ist ein Pfad der Umwandlung, der durch seine Umsetzung in das eigene geistliche Leben und den geistlichen Alltag zu einer neuen Erkenntnis führt. Im Geistlichen Pfad heißt es: Gott erkennen heißt, Christus in sich Gestalt werden zu lassen. Dies ist der Kerngedanke und Ausgangspunkt aller Beschäftigung und des Übens mit dem Geistlichen Pfad und überhaupt geistlichen Lebens.

Innerhalb der einzelnen Stationen des Geistlichen Pfades gibt es jeweils aufeinander aufbauende Aufgaben:

- Lesungen der Heiligen Schrift
- Meditationen
- Gebete und
- Meditative Feiern.

Jede Station beinhaltet neben den allgemeinen Übungen spezielle Übungen:

1. Schwelle

1. Station – Der Türhüter

Der Türhüter tut uns einen Dienst (deshalb Verneigung). Mit seiner Präsenz weist er uns am Eingang zum sakralen Raum darauf hin, dass wir eine Schwelle vom äußeren profanen Raum in den sakralen Raum überschreiten. Der Türhüter ist nicht zu verwechseln mit dem Mesner oder Küster.

Der Übende sollte sich zuerst mit den Lesungen zum Türhüter beschäftigen.

Auch Übungen zur Achtsamkeit unserer fünf Sinne machen uns deutlich, dass auch unsere Sinnesorgane verschiedene Eingangs- oder besser Einfallstore sowohl zu unserem Bewusstsein als auch zu unserem Unbewussten sind. Es liegt an uns, was wir durch sie hineinlassen und was nicht.

Dieser Dienst des Türhüters sollte auch in der Praxis geübt werden. Bewährt hat sich, mit diesem Dienst in der Probezeit zu beginnen. Aber auch der erfahrene Bruder sollte sich immer mal wieder für diesen Dienst anbieten.

(Auf dem Kirchberg wäre es hilfreich, wenn auf dem wöchentlichen Dienstplan nicht nur der Küster, sondern auch der Türhüter in einer eigenen Spalte genannt werden könnte.)

2. Station – Der Lektor

Die Aufgabe des Lektors ist nicht nur die des Lesens, sondern vor allem auch die des Hörens.

In der Tradition der alten Kirche ist der Lektor verantwortlich für das Lesen des Alten Testaments.

Wir denken an die Lectio divina, an das »Verkosten« des Gelesenen und Gehörten in Gebet und Meditation.

Wir denken an die *Lectio divina*, an das »Verkosten« des Gelesenen und Gehörten in Gebet und Meditation.

Hilfreich beim Üben für den Lektorendienst ist auch das Buch von Rolf Zerfaß »Lektorendienst«.

3. Station – Der Wächter

Der Erzengel Michael ist der Patron des Wächters. Nichts Unreines soll unsere Seele belasten.

Bei der Aufnahme in die Bruderschaft hören wir in der Epistellesung von der Geistlichen Waffenrüste (Epheser 6, 11–18).

Dort beschreibt der Apostel Paulus, dass Christen sich mit der ganzen Waffenrüstung Gottes ausrüsten sollen, um geistlichen Angriffen widerstehen zu können.

Immer wieder hören wir in der Bibel vom Kampf gegen Dämonen und widergöttliche Mächte. Wie erscheinen uns Dämonen und teuflische Mächte in der heutigen Zeit? Sind es nicht Laster des Einzelnen oder verführter Menschen, wie sie Evagrius Ponticus in seinem monastischen Handbuch über kämpfende Dämonen beschreibt?

Erscheinen uns nicht manche Potentaten aktuell auch wie Dämonen?

Wie schwer ist es doch, gegen sie zu Felde zu ziehen.

> Übung: Die praktische Übung zum Wächterdienst ist die Nachtwache während unserer Michaelsfeste. Sie ist eine Übung, die nicht nur ausführlich im Geistlichen Pfad, sondern auch im Tagzeitenbuch der Bruderschaft beschrieben wird.

Als Übung sollte hier auch an die Gewissenserforschung gedacht werden, wie sie in den Ignatianischen Exerzitien geübt wird.

Der Helfer kann hier seinem Bruder gute Hilfe und Beistand sein. Wichtig ist es, zu spüren, dass wir beim Wächterdienst nicht allein im Kampf sind.

4. Station – Der Lichtträger

In der Vesper zum Sonntag tragen wir das Licht Christi in die Kirche (Luzernar). Jesus Christus spricht: »Ich bin das Licht der Welt« (Joh. 8,12).

> Übung: Übe selbst einmal, Lichtträger zu sein. Lasse das Licht Christi in der Meditation auf dich wirken

Alle Übung der Meditation sollten mit der Bitte um den Heiligen Geist beginnen. »Ich meditiere mit Christus zum Vater hin. Im Licht Jesu richte ich mich aus.«

2. Schwelle

Für die drei folgenden Stationen des Geistlichen Pfades muss mit dem Eintreten in den Chorraum eine weitere Schwelle überschritten werden.

Die Schwelle wird überschritten durch die Teilnahme am Opfer Christi und führt zur Schau des Christus im Licht der Verklärung (Berg Tabor).

Diese wenigen Stufen in den Altar und Chorraum bewusst und achtsam zu gehen, ist nur eine kleine körperliche Übung, aber ein großes Ereignis. Bis heute empfinde ich persönlich bei diesen wenigen Schritten einen heiligen Schauer.

Die Schwelle wird überschritten durch die Teilnahme am Opfer Christi und führt zur Schau des Christus im Licht der Verklärung (Berg Tabor).

5. Station – Der Subdiakon

Er liest der Gemeinde als Vorbereitung auf das Evangelium die Epistel, eine Lesung aus einem der Briefe aus dem Neuen Testament.

> Übung: Der Subdiakon bekleidet den Altar mit weißem Leinen, deckt das Korporale und die Velen auf.

Er trägt Patene und Kelch zum Altar und reicht dem Liturgen das Wasser zur Reinigung für den priesterlichen Menschen.

An dieser Stelle könnte das Vaterunser meditativ eingeübt werden.

6. Station – Der Diakon

Der Diakon hat Teil am priesterlichen Amt.

Er tauft und dient am Tisch des Herrn. Er lehrt die Gemeinde und liest das Evangelium. Das Amt des Diakons erwächst aus der christlichen Agape (geschwisterliches Liebesmahl).

Übend meditiert werden kann hier Joh. 6,4–13. Die Jünger verteilen Brot und Fische an die hungernde Menschenmenge.

7. Station – Der Priester.

Wie können wir Christus in uns auferstehen lassen, um zum vollen Potential zu entfalten? Der Priester steht an der Schwelle zum himmlischen Chor.

> Übung: Die meditative Beschäftigung mit dem Jesus-Rosenkranz ist eine gute Übung.

Auch die Meditation des Zeichens der Bruderschaft hätte an dieser Station seinen Platz: Hoch über den Umkreis der geschaffenen Welt erhebt sich das Kreuz. Es breitet seine Arme aus und die Welt lebt unter den Armen des Kreuzes.

»Der Geistliche Pfad ist ein Weg des Gebets und der Meditation. Er will uns in Christus zu priesterlichen Menschen wachsen lassen um von dort aus im täglichen Leben zu handeln.« (Oeyen)

»Es geht nicht darum, möglichst viel Stoff zu meditieren, sondern die einzelnen Übungen oder einen Teil von ihr möglichst gründlich und unverlierbar zu erinnern.« (K. B. Ritter, S. 194 Geistlicher Pfad)

Üben hat auch etwas mit Erinnern zu tun. Unser Gedächtnis ist der rote Faden unseres Lebens. Wenn wir das Geübte mit emotionalen Erfahrungen über Assoziationen verknüpfen, finden wir sie am besten in unserem Langzeitgedächtnis wieder. Deshalb verbinden wir unser Üben mit festlichen Feiern und christlichen Ritualen.

Unsere französischen Geschwister nennen Auswendiglernen »apprendre par cœur«.

Geistiges und Geistliches Erinnern heißt, das Erfahrene ins Herz einzusenken.

Ja, und darum geht es. Geistiges und Geistliches Erinnern heißt, das Erfahrene ins Herz einzusenken. Erinnern findet auf vielen Ebenen des Gedächtnisses statt und mit allen Sinnen, sowohl intellektuell als auch visuell, auditiv, gustatorisch oder auch kinesthetisch.

Wir finden das, was wir geübt und gelernt haben, im sogenannten expliziten Gedächtnis wieder.

Mit dem impliziten Gedächtnis besitzen wir die Fähigkeit, auch unbewusste Gedächtnisinhalte abrufen zu können.

Bei unseren Meditationsübungen zum Geistlichen Pfad arbeitet unser Bewusstsein genau in diesem Bereich.

Üben heißt auch, dass uns das Erfahrene oder Gelernte präsentisch zur Verfügung steht. Es heißt aber auch, dass es mir in der Zukunft zur Verfügung steht.

Was wird uns von all unseren Übungen übrigbleiben, wenn wir in den letzten Stunden unseres irdischen Lebens angekommen sind?

Wenn wir Ski-Langlaufen, legen wir Spuren in den Schnee.

Üben und Erinnern verhalten sich wie Spuren im Schnee: Durch üben, Gewohnheiten und Wiederholungen legen wir Spuren in unserem Gehirn. Je öfter wir dieser Spur folgen, umso breiter und deutlicher wird sie. Auch wenn Neuschnee darüber fällt, können wir sie meist immer noch erinnern. Sie gibt uns Sicherheit, dass wir auf der richtigen Spur sind.

Aus vielen Kontakten mit alten Menschen habe ich gelernt, dass gerade auch durch gemeinsames Singen oft längst Verschüttetes wieder zum Vorschein kommt.

Ich finde, das Bild der Spuren im Schnee ist eine schöne Metapher für unser neuronales Nervensystem mit seinen Nervenzellen, Nervenbahnen, Synapsen und Verschaltungen.

Foto: Rolf Gerlach

Neuroplastizität bedeutet im Zusammenhang mit unserem Thema, durch wiederholtes Üben neue Spuren zu legen.

Auch der Geistliche Pfad ist solch eine Spur, die, je öfter wir sie gehen, uns trägt und Sicherheit gibt in der Nachfolge Jesu Christi.

Dr. Horst Stephan Neues ist Facharzt für Psychiatrie und Psychotherapie und gehört dem Rheinisch-Westfälischen Konvent der Michaelsbruderschaft an.

Die Kraft der Gewohnheit

von Steffen Tiemann

In der Gemeindearbeit erlebe ich manchmal, dass Menschen einen Wunsch nach Veränderung in ihrer spirituellen Lebenspraxis äußern: »Ich würde gerne öfters beten.« »Ich sehne mich nach Stille und Einkehr.« »Eigentlich möchte ich häufiger zum Gottesdienst kommen.« Meist wird dieser Wunsch mit einem großen »Aber« verbunden. Es fehlt die Zeit. Es gibt so viele Ablenkungen. Man kann das Gewünschte einfach nicht in seinem vollen Alltag unterbringen. Die Sehnsucht nach mehr Spiritualität im eigenen Leben ist da, doch die Umsetzung in die Praxis gelingt nicht.

Appelle an den guten Willen helfen da kaum weiter. Soll tatsächlich eine neue Praxis etabliert werden, braucht es dafür die Bildung einer Gewohnheit. Dies ist eine Einsicht, die sich in der Sozialpsychologie in den letzten zwanzig Jahren durchgesetzt hat: Gewohnheiten sind der Schlüssel, um ein erwünschtes Verhalten zu stabilisieren. In der Sozialpsychologie wurde viel darüber geforscht, wie Gewohnheiten entstehen, wie also, um die englischen Begriffe zu verwenden, die *habit formation* vonstatten geht. In einer bahnbrechenden Studie von 2010 wurden Probanden aufgefordert, ein erwünschtes Verhalten, wie z. B. ein Stück Obst essen oder eine sportliche Übung machen, täglich durchzuführen. Es wurde gemessen, wie lange es dauert, bis das Verhalten *automatisiert* war, bis es also wie von alleine und ohne bewussten Willensimpuls vollzogen wurde. Der Durchschnittswert waren 66 Tage.[1] Andere Studien kamen zu ähnlichen Ergebnissen. Es dauert zwei bis drei Monate, bis ein Verhalten zur Gewohnheit geworden ist. Allerdings gibt es da ein paar Voraussetzungen: Wichtig ist, dass das Verhalten tatsächlich regelmäßig praktiziert wird, am besten täglich, und dass es im immer selben *Kontext* vollzogen wird, also z. B. immer nach dem Mittagessen oder immer vor dem Schlafengehen. Nach einer gewissen Zeit wird dann nämlich der Kontext zum Auslöser des habituierten Verhaltens, so dass keine explizite Entscheidung erforderlich ist.

Es dauert zwei bis drei Monate, bis ein Verhalten zur Gewohnheit geworden ist.

[1] Vgl. Lally et al, How are habits formed? Modelling habit formation in the real world. European Journal of Social Psychology 40, 998–1009 (2010).

Der Prozess der Gewohnheitsbildung wurde auch neurologisch untersucht. Dabei stellten die Forscher fest, dass bei gewohnten Handlungen andere Netzwerke im Gehirn aktiviert sind als bei bewussten Handlungen. Beide Netzwerke sind nur locker miteinander verknüpft und funktionieren quasi parallel. Darum läuft das gewohnte Verhalten oft nur halbbewusst ab. Es erfolgt ohne Willensanstrengung, mit Leichtigkeit und wie von alleine. Deshalb können wir z. B. Autofahren und gleichzeitig ein intensives Gespräch führen.

Gewohnheiten sind also eine enorme Hilfe, um ein erwünschtes Verhalten fest in den Alltag zu integrieren. Wer daher beispielsweise mehr beten möchte, sollte dafür eine bestimmte Zeit festlegen und dies möglichst täglich praktizieren, selbst wenn es nur ganz kurz ist. Zehn Minuten Tag für Tag sind in dieser Hinsicht besser als eine ganze Stunde einmal in der Woche.

Auch ein fester Ort und ein bestimmter Kontext sind hilfreich, um ein Verhalten zu habituieren. Ich habe in meinem Amtszimmer eine Gebetsecke eingerichtet. Wenn ich morgens ins Büro komme, gehe ich immer zuerst dorthin. Das ist inzwischen so eingespielt, dass es wie von selbst passiert. Es kostet keine Überwindung mehr. Manche Theologen haben eine gewisse Scheu, Menschen solche festen Regeln zu empfehlen. Es klingt so »gesetzlich«. Doch die Regelmäßigkeit ist keine Last, sondern einfach eine Hilfe, um das realisieren zu können, was gut für uns ist.

Neue Gewohnheiten entstehen nicht im luftleeren Raum. Unser Alltag steckt ja voller *habits*, die sich über Jahre eingegraben haben. Oft hindern uns die alten Gewohnheiten, das neue Verhalten zu etablieren. Es ist enorm schwer, solche alten *habits* zu brechen. Wie tief sie uns in den Knochen stecken, wurde in einem anderen Experiment deutlich: Man hat Leuten, die es gewohnt sind, im Kino Popcorn zu essen, beim Filmschauen mal frisches, knuspriges und mal altes, fahles Popcorn gegeben. Erstaunlicherweise haben die Menschen vom alten genau so viel wie vom frischen gegessen, obwohl sie gemerkt haben, dass es nicht schmeckt. Der Kontext (Kino) bestimmte ihr Verhalten unabhängig von der Qualität des Produktes.

Eine schlechte Gewohnheit können wir nicht durch einen einmaligen Vorsatz aushebeln, sondern, auch das hat die *habit*-Forschung deutlich gemacht, nur, indem wir die unerwünschte Gewohnheit durch eine neue, erwünschte *überschreiben*. Wenn Sie also zum Beispiel abends vor dem Fernseher nichts Süßes mehr essen wollen, sollten Sie den Essensdrang nicht einfach unterdrücken, sondern sich angewöhnen, Möhrensticks statt Schokolade zu futtern.

Bisher haben wir mit *Gewohnheit* ein mehr oder weniger mechanisch-motorisches Verhalten bezeichnet. Das entspricht unserem Sprachgebrauch. So wird auch das englische *habit* verwendet. Ursprünglich meinte dieses Wort aber etwas viel Anspruchsvolleres. *Habit* kommt vom lateinischen *habitus*. Und das wiederum ist die Übersetzung eines griechischen Wortes, das Aristoteles eingeführt hat: *hexis*.[2] *Hexis* (von ἔχειν) meint wörtlich ein *Haben*. Der große Philosoph hat intensiv über den Prozess der Gewohnheitsbildung nachgedacht. Ihm ging es dabei aber nicht um pragmatische Dinge wie Sportübungen oder Essgewohnheiten, sondern um die Bildung von Tugenden. Aristoteles war überzeugt, dass Tugenden wie Mut, Gerechtigkeit, Geduld etc. nicht durch Nachdenken oder durch Willensentschlüsse entstehen, sondern durch Handeln. Mutig wird man, indem man wiederholt mutig *handelt*. Wer einmal die eigene Angst überwindet und mutig das Richtige tut, dem wird es beim zweiten Mal schon ein kleines bisschen leichter fallen. Ganz allmählich entsteht durch Wiederholung eine innere Neigung. Es ist wie ein inneres Gefälle, auf dem ein bestimmtes Verhalten immer leichter, immer natürlicher wird. Es ist zu einer *hexis* geworden. *Hexis/habitus* meint also ursprünglich kein Tun, sondern eine innere Neigung, die aus regelmäßigem Verhalten entsteht und dieses Verhalten mit Leichtigkeit hervorbringt.

Hexis/habitus *meint also ursprünglich kein Tun, sondern eine innere Neigung, die aus regelmäßigem Verhalten entsteht und dieses Verhalten mit Leichtigkeit hervorbringt.*

Was Aristoteles hier erkannt hat, ist auch für das Christsein von hoher Relevanz. Wenn wir Jesus folgen wollen, bedeutet das, dass wir unser Verhalten von ihm prägen lassen. Alte Verhaltensmuster legen wir ab und neue, christusgemäße Handlungsweisen nehmen wir an: Meine Mitmenschen nicht mehr verbiestert anblicken, sondern ihnen mit Freundlichkeit begegnen. Mit meinen Sorgen nicht mehr Karussell fahren, sondern sie an Gott abgeben. Stille ertragen statt nervös zum Handy zu greifen. So etwas passiert nicht mit einem Hauruck-Willensentschluss. Es ist vielmehr ein Übungsprozess. Jesus hat seine Jünger explizit dazu aufgefordert: »Nehmt auf euch mein Joch und *lernt* von mir!« (Matthäus 11, 29) Dieses Lernen meint hier nicht, mehr Wissen in den Kopf zu bekommen, sondern ein neues Verhalten einzuüben. Üben ist also ein wesentlicher Aspekt der Nachfolge.

Aristoteles war recht optimistisch, was die Veränderbarkeit des Menschen angeht. Wenn man nur stetig übt, dann kann man, so war er überzeugt, ein durch und durch tugendhafter Mensch werden und sämtliche Laster ablegen. Die Bibel ist da realistischer. Das Sündersein können wir uns nicht einfach abtrainieren.

[2] Aristoteles entfaltet sein Hexis-Konzept vor allem in der Nikomachischen Ethik.

Dafür steckt es uns zu tief in den Knochen. Echte Veränderung erfordert das gnädige Wirken des Heiligen Geistes.

Der Kirchenvater Augustinus hat das intensiv durchlebt und durchlitten. In seinen »Bekenntnissen« beschreibt er seine schlechten Gewohnheiten als Ketten, von denen er sich – anfangs aus freiem Willen – fesseln ließ und aus denen er sich dann nicht mehr befreien konnte.[3] Nur Gottes gnädiges Wirken hat ihn aus dieser Gefangenschaft befreit und ein neues Verhalten ermöglicht.

Nur Gottes gnädiges Wirken hat ihn aus dieser Gefangenschaft befreit und ein neues Verhalten ermöglicht.

Thomas von Aquin hat versucht, die Einsichten von Aristoteles mit denen von Augustinus zu verbinden. Nach seinem Verständnis können die sogenannten *natürlichen* Tugenden wie Mut, Gerechtigkeit etc. aus eigener Kraft durch Übung entwickelt werden. Dazu sind sogar Heiden in der Lage. Glaube, Hoffnung und Liebe sind jedoch für Thomas *übernatürliche* Tugenden. Die können nur durch Gottes Gnade zu einem *habitus* im Menschen werden.[4] Thomas meinte, dass dieser Tugendhabitus die Voraussetzung ist, um im Endgericht vor Gott bestehen zu können. So hat er die Entstehung eines tugendhaften Habitus mit der Rechtfertigung vor Gott verknüpft.

Diese in der Scholastik verbreitete Verzahnung von Habitusbildung und Rechtfertigung war der Grund, dass Luther die Idee eines Habitus rundweg ablehnte. Das Wort roch einfach danach, dass man sich seine eigene Gerechtigkeit aufbauen kann. Doch auch der Reformator wusste, dass Glaube Übung braucht. In seiner Schrift »Von den guten Werken« schreibt er: Wenn wir tun, was in den Geboten steht, dann »wächst der Glaube, kommt zu sich selbst und stärkt sich so selber [...]. Und so geht er aus in die Werke, und kommt wieder durch die Werke zu sich selbst.«[5] Von besonderer Bedeutung waren für Luther dabei die spezifisch geistlichen Übungen wie Schriftmeditation und Gebet, weil »der Heilige Geist bei solchem Lesen, Reden und Gedenken gegenwärtig ist.«[6] Wer die Schrift betrachtet und betet, bietet dem Heiligen Geist gleichsam einen »Landeplatz« im Herzen und gewährt ihm Raum, im eigenen Inneren zu wirken. Deshalb empfiehlt Luther der Pfarrerschaft in der Vorrede zum Großen Katechismus, täglich morgens, mittags und abends mit der Heiligen Schrift bzw. mit dem Katechismus als Auszug der Schrift umzugehen.[7]

[3] Vgl. Augustinus, *Confessiones*. VIII.5.10.
[4] Vgl. dazu den »Traktat über die Tugenden« in der *Summa Theologiae*, Teil 2, Band 1.
[5] WA 6, 249.
[6] WA 30, I, 126.
[7] WA 30, I, 125.

Foto: Rolf Gerlach

Durch die ganze Geschichte der christlichen Spiritualität hindurch, vom Urchristentum und dem frühen Mönchtum bis in die Gegenwart hinein, haben Menschen immer wieder erfahren: Gute Gewohnheiten sind essentiell für das Leben als Christen. Und dies auf verschiedenen Ebenen. Gewohnheiten helfen uns, geistliche Übungen regelmäßig zu praktizieren und auf diese Weise stetig in Kontakt mit Gott zu bleiben. So setzen wir uns immer wieder dem Einfluss seines Geistes aus, der unser Herz mit seiner Liebe berührt und verändert.

Dieser Heilige Geist lässt dann neue Haltungen in uns entstehen: Freundlichkeit, Großzügigkeit, Vertrauen, Barmherzigkeit. Doch diese Haltungen fliegen uns nicht einfach über Nacht zu. Im Neuen Testament werden diese Haltungen als Früchte bezeichnet. Sie wachsen langsam, und sie wachsen, indem wir, motiviert von

Gottes Liebe und getragen von der Kraft seines Geistes, diese Verhaltensweisen einüben.

Es ist ein bisschen so wie man das Tanzen lernt. Erst geht es ganz mühsam. Die Beine sind verkrampft; sie finden nicht den Rhythmus. Alles ist staksig und immer wieder tritt man der Partnerin auf die Füße. Doch ganz allmählich wird es leichter. Die Beine fangen an, mit der Musik zu harmonieren. Die Bewegungen werden flüssiger, leichter und irgendwann macht es sogar Spaß.

So können wir, bewegt vom Heiligen Geist, neue Verhaltensweisen ausprobieren und einüben. Vielleicht erst etwas staksig und unbeholfen. Immer wieder werden wir auch scheitern. Aber ganz allmählich wird es leichter: freundlich sein statt griesgrämig, spendabel statt knauserig, die Angst an Gott abgeben statt sich von ihr zerfressen lassen.

Wir werden in unserem Leben mit dem Üben nie fertig werden und die Sünde wird uns immer in den Knochen bleiben. Aber neue, christusgemäße Verhaltensweisen werden möglich. Und manchmal werden wir dann mit Überraschung merken, dass wir in einer Situation so gehandelt haben, wie Christus es wollte: Aus lauter Liebe – und aus guter Gewohnheit.

Wir werden in unserem Leben mit dem Üben nie fertig werden [...]

Steffen Tiemann ist Pfarrer der Auferstehungsgemeinde in Bonn und Buchautor.

Balintarbeit und KSA-Supervision in der Krankenhausseelsorge

Psychodynamische Resonanzräume zwischen Beziehung, Spiritualität und professioneller Identität

von Donald Orlov Wehmann

Grundlage des Artikels ist die langjährige Mitarbeit in Balintgruppen sowie die regelmäßige Teilnahme an KSA-Supervision in einer kleinen Gruppe.

1. Einleitung: Seelsorge im Raum existenzieller Verdichtung

Krankenhausseelsorge geschieht in einem Raum existenzieller Verdichtung. Menschen begegnen hier Krankheit, Kontrollverlust, Grenzerfahrung, Abschied und Sterben. Diese Erfahrungen sind nicht nur medizinische, sondern zutiefst psychologische und spirituelle Herausforderungen. Seelsorge in diesem Kontext verlangt eine reflektierte Haltung, die Beziehungsgeschehen, innere Resonanzen und Sinnfragen gleichermaßen ernst nimmt.

Supervision und Balintarbeit eröffnen hierfür einen professionellen Reflexionsraum.

Supervision und Balintarbeit eröffnen hierfür einen professionellen Reflexionsraum. Sie ermöglichen es, seelsorgliche Begegnungen nicht funktionalistisch, sondern beziehungs- und erfahrungssensibel zu verstehen. Der zugrundeliegende Gedanke lautet: Der »Fall« ist nicht primär ein Objekt, sondern ein Beziehungsereignis. Das, was die Begegnung in der Seelsorgerin oder im Seelsorger auslöst, ist Teil des Erkenntnisprozesses – nicht Störung, sondern Wahrnehmungsquelle.

Die Klinische Seelsorgeausbildung (KSA) nimmt diese balintsche Perspektive auf, erweitert sie jedoch um eine spirituelle und pastoraltheologische Dimension. Im Folgenden werden Gemeinsamkeiten und Unterschiede beider Ansätze – und ihre besondere Bedeutung im Krankenhauskontext – entfaltet.

2. Beziehung als zentraler Faktor: Vom Fall zum Resonanzgeschehen

2.1 Balintarbeit: Die Beziehung als Wirkfaktor

Michael Balint verlagerte den Fokus vom »Fall« zur Arzt-Patient-Beziehung als zentralem therapeutischen Wirkfaktor. Die Frage lautet nicht: *Was habe ich getan?*, sondern: **Was ereignet sich zwischen uns – und was bedeutet es?**

Balintgruppen arbeiten mit:

- Übertragung und Gegenübertragung,
- impliziten Rollenzuweisungen,
- unausgesprochenen Erwartungen und Kränkungen,
- affektiven Reaktionen des Helfenden.

Die Formel »in die Schuhe des Patienten gehen« meint keine sentimentale Identifikation, sondern imaginative Empathie: ein Probehandeln im inneren Raum, das neue Verständnismöglichkeiten eröffnet.

Auf die Seelsorge übertragen, wird die Begegnung zu einem zutiefst menschlichen Resonanzgeschehen.

Auf die Seelsorge übertragen, wird die Begegnung zu einem zutiefst menschlichen Resonanzgeschehen.

Nicht primär zählt:

- was gesagt wurde,
- welche Technik eingesetzt wurde,

sondern entscheidend ist:

- welche Rollen angeboten und angenommen wurden,
- welche Affekte aufgetreten sind,
- welche Muster sich wiederholen,
- was unausgesprochen bleibt – und dennoch wirkt.

2.2 Supervision: Spirituell erweiterte Resonanz

In der KSA wird diese beziehungsorientierte Perspektive aufgenommen und theologisch-existentiell vertieft.

Die seelsorgliche Begegnung wird verstanden als Resonanzraum, in dem

- psychodynamische Muster,
- biographische Themen,
- existentielle Deutungsbedürfnisse,
- religiöse Symbol- und Bedeutungswelten

aufeinandertreffen.

Das innere Erleben der Seelsorgenden – Affekte, Körperempfindungen, Bilder, Irritationen – gilt nicht als Privatpsychologie, sondern als Erkenntnisquelle. Es verweist auf Beziehungsmuster, die in der Begegnung wirksam sind – oft jenseits des unmittelbar Sagbaren:

Was ich spüre, sagt etwas über das, was zwischen uns geschieht.

Diese Haltung schützt vor moralischer Belehrung, vorschneller Deutung und spiritueller Vereinnahmung. Sie fördert Präsenz, innere Stimmigkeit und verantwortete Haltung im Zwischenraum.

Diese Haltung schützt vor moralischer Belehrung, vorschneller Deutung und spiritueller Vereinnahmung.

3. Struktur und Dynamik der Supervision

Supervision folgt einer strukturierten Prozessform, die (im Sinne Bions) eine **Containment-Funktion** erfüllt – also die Fähigkeit

Foto: Rolf Gerlach

eines Rahmens, emotionale Spannungen aufzunehmen, zu halten und verstehbar zu machen.

Ablauf:

1. **Selbstverortung** – innere Verfassung, Spannungen, Fragen
2. **Fallnarration** – phänomenologisch, beschreibend statt erklärend
3. **Zurücknahme der vorstellenden Person** – Dezentrierung des Ichs
4. **Resonanzphase der Gruppe** – Gefühle, Fantasien, Körperempfindungen, Widerstände werden als Gegenübertragungsphänomene verstanden

5. **Rückkehr & Integration** – Was spricht an? Was irritiert? Was wird neu sichtbar?
   Ziel ist **Integration, nicht Lösung**.
   Nicht Anweisung, sondern **innere Stimmigkeit und professionell-spirituelle Präsenz**.

4. Zwei Fallvignetten

4.1 Resonanz und gehaltene Beziehung

Eine Seelsorgerin berichtet von einem schweigsamen, abweisend wirkenden Patienten. In ihr entstehen Gefühle von Kleinheit, Unsicherheit und innerer Schwere. In der Gruppenresonanz tauchen Bilder von Einsamkeit und beschämter Nähe auf.

In der Integration wird sichtbar:

Die vermeintliche Kälte war **Schutz vor Beschämung**.

Die Ohnmachtsgefühle spiegelten die innere Verlassenheit des Patienten.

Nicht eine neue Technik veränderte die Begegnung, sondern eine veränderte Haltung: weniger Aktivismus – mehr präsentes Dasein – geteilte Stille.

Die Beziehung wurde nicht gelöst, sondern **gehalten**.

4.2 Kontrastfall: Würde ohne Vertiefung

Eine andere Begegnung bleibt sachlich und distanziert. Der Patient antwortet knapp, lässt keine Resonanz zu. In der Supervision wird deutlich:

Nicht jede Begegnung muss in emotionale Tiefe führen.

Professionelle Haltung bedeutet hier, **Grenzen zu respektieren, Würde zu schützen und Nähe nicht zu erzwingen**.

Seelsorge geschieht auch in **achtsamer Distanz**.

Seelsorge geschieht auch in achtsamer Distanz.

5. Psychodynamik und Spiritualität: Erweiterte Übertragungsräume

Balint- und KSA-Arbeit operieren mit klassischen psychodynamischen Konzepten und erweitern sie um spirituelle Dimensionen:

- spirituelle Übertragungen (Retter-Figur, strafendes Gottesbild, Erlösungssehnsucht)
- institutionelle Übertragungen (Kirche als Autorität oder Zuflucht)
- existentielle Projektionen (Schuld, Sinnfrage, Todesangst).

Diese Dynamiken lassen sich nicht rein psychologisch auflösen. Sie verlangen eine Deutung, die **psychische, existentielle und theologische Ebenen zusammenhält.**

6. **Balintarbeit und Supervision – Gemeinsamkeiten und Unterschiede**

Gemeinsamkeiten
- Fokus auf Beziehung statt Fallobjekt
- Zurücknahme der vorstellenden Person
- Resonanz statt Ratschlag
- Erweiterung innerer Spielräume

Unterschiede

Balintarbeit:
- psychoanalytisch verortete Beziehungserkundung
- Schwerpunkt auf Rollen, Affekten und Gegenübertragung
- spirituelle Sprache randständig, aber reflektiert

Supervision:
- pastoralpsychologisch erweiterte Beziehungserkundung
- Resonanzhorizont umfasst Schuld- und Sinnfragen, Gottesbilder, Hoffnungs- und Deutungshorizonte
- Kontext situiert in den Grenzräumen von Krankheit und Sterben

Während Balintarbeit primär die psychodynamische Ebene fokussiert, integriert KSA zusätzlich die spirituell-existenzielle Dimension der Begegnung – dort, wo Verwundbarkeit, Deutung und Hoffnung ineinander greifen.

KSA ist damit keine Konkurrenz-, sondern eine spirituell erweiterte Resonanzpraxis.

KSA ist damit **keine Konkurrenz-, sondern eine spirituell erweiterte Resonanzpraxis**.

7. **Institutionelle und ethische Dimension**

Krankenhausseelsorge bewegt sich in Spannungsfeldern:
- multiprofessionelle Kooperation und Rollenklarheit
- ökonomische Rahmenbedingungen
- ethische Entscheidungssituationen am Krankenbett
- Erfahrungen von Macht, Abhängigkeit und Ohnmacht.

Supervision unterstützt hier:
- **institutionelle Rollenverantwortung zu klären**
- **Loyalitäts- und Teamkonflikte zu reflektieren**
- **ethische Dilemmata wahrzunehmen**, ohne vorschnelle Moralisierung
- **professionelle Haltung im System zu bewahren.**

So wird Seelsorge weder funktionalisierte Dienstleistung noch innerlicher Rückzug, sondern **reflektierte Beziehungspraxis im institutionellen Kontext.**

8. Selbstfürsorge, Spiritualität und professionelle Reife

KSA-Supervision schützt nicht nur Patientinnen und Patienten, sondern auch Seelsorgende. Sie ermöglicht:

- Entlastung ohne Abspaltung
- Berührung ohne Überwältigung
- Mitgefühl ohne Selbstverlust.

Spirituelle Praxis (Stille, Gebet, Liturgie) erscheint nicht als Technik, sondern als **innerer Verankerungs- und Resonanzraum**, in dem Erfahrungen gehalten und integriert werden können.

Professionelle Reife zeigt sich in **reflektierter Verwundbarkeit** – in der Fähigkeit, sich berühren zu lassen und zugleich innerlich handlungsfähig zu bleiben.

Seelsorge wird so zu einer Praxis **innerer Stimmigkeit und geistlicher Integrität.**

Seelsorge wird so zu einer Praxis innerer Stimmigkeit und geistlicher Integrität.

9. Grenzen, Risiken und verantwortete Haltung

Balintbasierte Supervision schützt vor

- Retterphantasien
- Überidentifikation
- spiritueller Vereinnahmung
- moralischer Überlegenheit.

Sie erinnert daran:

- nicht jede Beziehung heilt
- nicht jede Ohnmacht lässt sich auflösen
- nicht jede Begegnung führt zu Harmonie.

Aber: Jede Begegnung verdient **Würde** – und jede Wahrnehmung verdient **Reflexion.**

10. Fazit

Balintarbeit und KSA-Supervision eröffnen Resonanzräume, in denen Beziehung sichtbar, verstehbar und spirituell verantwortet werden kann. Gerade im Krankenhaus – wo Nähe, Angst und Ohnmacht dicht beieinanderliegen – ermöglichen sie eine seelsorgliche Haltung, die **Präsenz, psychodynamische Sensibilität und geistliche Tiefe** miteinander verbindet.

Supervision beleuchtet das Feld – Balint vertieft das Zwischen, also den beziehungsdynamischen Raum, der weder dem einen noch dem anderen ganz gehört.

Nicht durch Machbarkeit, sondern durch geteilte Menschlichkeit. Nicht durch schnelle Deutung, sondern durch präsente Beziehung.

Literatur (Auswahl)

Balint, M.: *Der Arzt, sein Patient und die Krankheit*. Stuttgart 1960.

Balint, M.: *Psychotherapeutische Gruppentechnik in der ärztlichen Praxis*. München 1984.

Bion, W.R.: *Learning from Experience*. London 1962.

Hiltner, S.: *Pastoral Counseling - Theory and Practice*. Nashville 1958.

Rogers, C.: *Entwicklung der Persönlichkeit*. Stuttgart 1972.

Rötting, M.: *Klinische Seelsorgeausbildung - Theologische und psychologische Grundlagen*. Freiburg 2002.

Nubold, A. / Scharfenberg, J. (Hg.): *Seelsorge im Krankenhaus - Praxis, Theorie, Spiritualität*. Göttingen 2016.

Roser, T.: *Resonanz und Spiritualität: Wahrnehmung im seelsorglichen Raum*. München 2019.

Winnicott, D.W.: *Playing and Reality*. London 1971.

Rosa, H.: *Resonanz. Eine Soziologie der Weltbeziehung*. Frankfurt a. M. 2016.

Donald Orlov Wehmann arbeitet seit 1993 als Hausarzt in eigener Praxis. Er ist Psychotherapeut und Psychoanalytiker, Prädikant der evangelischen Kirche und ehrenamtlich in der Krankenhausseelsorge tätig. Die Reflexion an der Schnittstelle von Medizin, Psychotherapie und Spiritualität prägt seine berufliche und theologische Arbeit. Er ist Bruder i. P. im Konvent Mitte Ost der Michaelsbruderschaft.

Üben

von Ulrich Koring

Übung macht den Meister, denn es ist noch kein Meister vom Himmel gefallen. Um Ein-Übung und Aus-Übung und in diesem Sinn um Meisterschaft im Glauben geht es auf den folgenden Seiten. Meisterschaft klingt sehr überheblich. Sind wir nicht allezeit eher Anfänger im Glauben? Jedenfalls sind wir nicht Meister, die von Tag zu Tag Glanzleistungen im Glauben vollbringen.

Dennoch geht es um Professionalität – denn die *professio* enthält unser Bekenntnis zu Christus. Wie man von einem Baumeister erwartet, dass das von ihm errichtete Haus nicht zusammenfällt, so sollen die Menschen um uns herum erfahren, für was und für wen wir einstehen. Unser Herr erwartet das gleiche.

1. Befund

Wofür also stehen wir ein? »Recht üben, Güte lieben und einsichtig mit Gott gehen.« Das fordert Gott von uns, sagt der Prophet Micha. Fast gleichlautend formulieren die Psalmen: Lass ab vom Bösen und tue Gutes; suche Frieden und jage ihm nach! (34,15) Die mir Gutes mit Bösem vergelten, feinden mich an, weil ich mich an das Gute halte (38,21). Ich übe Recht und Gerechtigkeit (119,121). Wohl dem, der nicht sitzt, wo die Spötter sitzen und nicht tritt auf den Weg der Sünder, sondern hat Lust an der Weisung Gottes und sinnt darüber Tag und Nacht (1,1).

In jedem seiner Briefe vergleicht Paulus das Leben im Glauben mit einem (Wett-)Kampf. Seinem Mitarbeiter Timotheus schreibt er ins Stammbuch: »Jage nach der Gerechtigkeit, der Frömmigkeit, dem Glauben, der Liebe, der Geduld, der Sanftmut! **Kämpfe den guten Kampf des Glaubens;** ergreife das ewige Leben« (1 Tim 6,11.12).

Vertraut ist uns die goldene Skala der Bewährung: »Bedrängnis bewirkt Geduld, Geduld aber Bewährung, Bewährung festigt die Hoffnung. Und Hoffnung lässt nicht zugrunde gehen, denn die Liebe Gottes ist ausgegossen in unsere Herzen durch den Heiligen Geist« (Röm 5).

Wer sein Leben im Glauben lebt, schwimmt nicht in der Masse und mit der Strömung, sondern nimmt Unannehmlichkeiten auf sich, weil er die Schritte tut, die Christus heute geht: Wir nennen das Nachfolge. Die Berufung in die Nachfolge gleicht nicht einem Lottogewinn, sondern hat einen hohen Preis, sie kostet die Bequemlichkeit und verlangt völlige Hingabe: »Wer mir nachfolgen

Wer sein Leben im Glauben lebt, schwimmt nicht in der Masse und mit der Strömung […]

will, der verleugne sich selbst, nehme sein Kreuz auf sich und folge mir« (Mk 8,34 par).

Ein Leben im Glauben zu führen, ist also nicht von Pappe. Es führt über Stock und Stein, durch Widerstand und Versagen, durch Glanz und Leiden. Zu den christlichen Überzeugungen gehört auch die Bereitschaft, lieber Unrecht zu erleiden als Unrecht zu tun.

Die traditionellen Aspekte von Askese – Entsagung, Fasten, Verzicht, sich lösen von weltlichen Dingen, um Gott in seinen Wirkungen (Güte, Liebe, Weisheit, Geduld) zu empfangen – sollen hier nicht skizziert werden. Deutlich ist, dass Askese (= Übung) keine fromme Zutat sein kann, sondern die christliche Grundhaltung überhaupt bezeichnet.

Das Wort »üben« gehört in den Kontext der Gemeindeaufsicht, die die Apostel im Briefkontakt ausgeübt und dadurch zugleich allen Gemeinden zugänglich gemacht haben. Paulus verwendet den Begriff »trainieren«: gegenüber Timotheus in 1Tim 4,7: »Übe dich selbst in der Frömmigkeit«. Das griechische Wort *gúmnaze* ist hergeleitet von der unbekleidet ausgeführten körperlichen Ertüchtigung – es klingt in »Gymnastik« und »Gymnasium« weiter. Paulus begründet: »die ***leibliche Übung*** (z. B. Fasten) ist wenig nütze«, denn sie tut allein dir selbst gut; »aber die **Frömmigkeit** ist zu allen Dingen nütze«, d. h. die **Hingabe** an Gott ermöglicht die Zuwendung zu den Menschen und hat die **Verheißung** dieses und des zukünftigen Lebens.

Zweimal spricht der Hebräerbrief vom Effekt der Übung: Feste Speise (= ein tieferes Verständnis des Glaubens und ein reifes Handeln) ernährt die Vollkommenen, die *durch den Gebrauch (sc. der Heiligen Schrift und der tätigen Liebe)* **geübte Sinne** haben, um Gutes und Böses zu unterscheiden (5,14). An Christus glauben ist keine Safari durch das Land ehrenwerter Absichten, sondern ein Lebenskonzept, in dem wir Jahr für Jahr weiterwachsen.

Manchmal müssen wir Federn lassen. Manchmal tun wir oder erleiden wir Unrecht. Ohnmacht, Schmerz und Traurigkeit gehen an uns nicht vorbei. Wir empfinden das wie eine Erziehung mit Züchtigung: »Die Erziehung (*paideia*), die wir erfahren, kann uns Schmerzen bereiten; hernach aber bringt sie als Frucht denen, **die dadurch geübt sind**, Frieden und Gerechtigkeit« (12,11). Weil die Erziehung nicht zum Tod führt, sondern mehr Leben hervorbringt, lautet die Konsequenz: Lass dich nicht hängen, sondern führe das Training weiter: »Lasst uns laufen mit Geduld in dem Kampf, der uns bestimmt ist« (V1). »Darum **stärkt** (*anorthósate*) die müden Hände und die wankenden Knie. **Strebt** (*diókete*) nach Frieden mit jedermann und nach Heiligung« (V.12.14). Aus der Erziehung, die wir durchlaufen, entstehen Frieden und Gerechtigkeit; das sind die beiden Kernbegriffe für das *Heil, das Gott wirkt*, und das sich fortsetzt im *heilenden Handeln*, das *uns aufgetragen* ist.

Lukas legt Paulus in den Mund: »Ich übe mich, allezeit ein unverletztes Gewissen zu haben vor Gott und den Menschen« (Ac 24,16). Hier verwendet Lukas das Verb *asko*, das der »Askese« zugrundeliegt.

Auch ohne den aus der hellenistischen Welt entlehnten Begriff »Askese« begegnet uns der Sachverhalt im Sinne der **Kontinuität** in der Nachfolge allenthalben: »Bleibt in mir, wie ich in euch, sonst bringt ihr keine Frucht. Denn ohne mich könnt ihr nichts tun« (Joh 15). Die Selbstdisziplin, die Wahrung der Herzensfreiheit, die innere Bindung an Gott, die mit Dank alles Gute und Nötige genießt und die materiellen Güter gebraucht, ohne ihr Sklave zu werden – dies kennzeichnet die Nachfolge.

Auch ohne den aus der hellenistischen Welt entlehnten Begriff »Askese« begegnet uns der Sachverhalt im Sinne der Kontinuität in der Nachfolge allenthalben [...]

Paulus wird nicht müde, in seinen Briefen die Gemeinden zu ermuntern, im Gebet (1Thess 5,17), in der Erkenntnis, in der Liebe, in der Geduld und in der Hoffnung nicht nachzulassen. Die Ermahnung Röm 12,9–21 liest sich wie eine auf die Lebenssituation angewandte Entfaltung des Doppelgebots der Liebe (s. Luk 10,27; Lv19,18; Dt 6,5).

Seine Bemühungen um die Gemeinde in Korinth beschließt Paulus mit der Aufforderung: »Prüft euch selbst, ob ihr noch fest im Glauben steht. Stellt euch selbst auf die Probe. Oder erkennt ihr nicht an euch selbst, dass Jesus Christus in euch gegenwärtig ist? Wenn ihr das nicht erkennt, habt ihr die Probe nicht bestanden« (2Kor 13,5 Basisbibel).

Seinem Schüler Timotheus bescheinigt er: »Du bist mir gefolgt in der Lehre, im Streben, im Glauben, in der Langmut, in der Liebe, in der Geduld« (2Tim 3,10). Markant stechen die Sätze hervor, in denen Paulus Bilder aus dem sportlichen Wettkampf verwendet: »Jage nach der Gerechtigkeit, der Frömmigkeit, dem Glauben, der Liebe, der Geduld, der Sanftmut! **Kämpfe den guten Kampf des Glaubens**; ergreife das ewige Leben, zu dem du berufen bist« (1Tim 6,11.12).

2. Hintergrund

Die Hebräische Bibel kleidet die unterschiedlichen Facetten einer gewissenhaft gepflegten Frömmigkeit in andere Begriffe. Lernen (*lamad*) ist der Weg, um Übung zu erlangen. »Bewahren«, »einhalten« und »tun« bezeichnen einen sich steigernden Dreischritt, dessen Ergebnis nicht nur »Friede und Freude im Heiligen Geist« sind, sondern die Einhaltung und Ausübung von **Recht** und **Gerechtigkeit im Alltag der Welt**.

Recht und Gerechtigkeit kennzeichnen primär Gottes Handeln. »Deine Güte reicht bis an den Himmel, deine Treue bis zu den Wolken. Deine Gerechtigkeit steht fest wie die Berge, dein Rechtspruch ordnet das Chaos« (Ps 36,7).

Psalm 103, der mit »Lobe den Herrn, meine Seele« beginnt, sagt:

> *»Er rettet dich aus dem Verderben. Er krönt dich mit Gnade und Barmherzigkeit. Er versorgt dich mit Gutem dein Leben lang. Er schafft Gerechtigkeit. Allen Unterdrückten verhilft er zum Recht.«*

Gottes Gerechtigkeit besteht darin, dass er die nicht fallen lässt, denen er sich im Bund verpflichtet hat [...]

Gottes Gerechtigkeit besteht darin, dass er die nicht fallen lässt, denen er sich im Bund verpflichtet hat: Weil der Böse selber in die Grube fällt, die er dem Frommen gegraben hat, sagt dieser: »Ich danke dem HERRN für seine Gerechtigkeit« (Ps 7,18). Oder: »Aus deiner Gerechtigkeit mache ich kein Hehl. Ich spreche offen über deine Treue und Hilfe. In der Festversammlung rühme ich deine Güte und Treue« (Ps 40,11).

> *»An deine Gerechtigkeit will ich immer wieder erinnern. Du hast mich von Jugend an unterwiesen. Kindern und Enkeln will ich von deiner Macht erzählen« (Ps 71, 16.19).*

Wie Gott unablässig Recht und Heil wirkt, so befleißigen sich die, die Gott verbunden sind, Gerechtigkeit ein- und auszuüben. Ihre Gerechtigkeit haftet nicht an ihnen als Eigenschaft, sie soll nicht dazu dienen, die Frommen als bessere Menschen herauszustellen; vielmehr geht es darum, im Alltag der Welt immer wieder und passend für die Situation die Gnade ins Recht zu setzen, Barmherzigkeit zu üben, die Bedürftigen die Güte Gottes schmecken und sehen zu lassen.

> *»Schafft* **Recht** *dem Armen und der Waise, helft dem Elenden und Bedürftigen zum Recht. Errettet den Geringen und Armen und erlöst ihn aus der Gewalt der Frevler« (Ps 82,3-4).*

In den Zwillingspsalmen 111 und 112 stehen die Aussage über Gottes Heilshandeln (*zedakah*) und über das zurechtbringende Tun des Frommen auf gleicher Stufe nebeneinander (im Folgenden G = Gott, M = Mensch).

> *G: Glanz und Pracht ist sein Tun, seine Gerechtigkeit steht auf Dauer.*
>
> *M: Reichtum ist in seinem Hause, seine Gerechtigkeit steht auf Dauer.*

G: *Nahrung hat er gegeben denen, die ihn vertrauensvoll ehren,*
M: *Glücklich jeder, der gnädig ist und leiht,*
G: *Erlösung sendet er seinem Volk, sein Bund besteht ewig.*
M: *Er streut aus und gibt den Armen, sein gerechtes Tun hat ewig Bestand.*

In vielen Variationen drücken Gerechtigkeit und Rechtspruch, Güte und Verlässlichkeit aus, was im Alltag nicht nur per Zufall fehlt, sondern aufgrund von bösem Vorhaben und falschen Weichenstellungen verhindert oder zerstört wird.

> Das Recht ströme wie Wasser
> und Gerechtigkeit wie ein immer fließender Bach (Am 5,24).
> Güte und Treue sollen einander begegnen,
> Gerechtigkeit und Friede (Heil) sich küssen (Ps 8511).

Neben einer Vielzahl von Belegen in den Psalmen finden sich viele Stellen bei den Propheten:

> Lasst es regnen, ihr Himmel! Ihr Wolken, lasst Gerechtigkeit herabströmen.
> Dann bringt die Erde Gutes zum Blühen und lässt Gerechtigkeit hervorsprießen.
> Ich bin der HERR, der das alles erschafft (Jes 45,8).

Lasst es regnen, ihr Himmel! Ihr Wolken, lasst Gerechtigkeit herabströmen.

Der Mangel an Gerechtigkeit ist keine beiläufige Erscheinung. Die assyrische Expansionspolitik im 8. Jh. warf ihre Schatten auf Jerusalem und beunruhigte den König und seine Ratgeber. Der Druck der Konkurrenz und die Verlockung großer Gewinne verschoben die altbewährten sozialen Maßstäbe in Handel und Gewerbe. Jesaja beklagt im Weinberg-Lied: »Er (Gott) wartete auf Rechtsspruch, es gab nur Rechtsbruch; auf Gerechtigkeit, da war nur Schlechtigkeit« (Jes 5).

In einer wie ein Gerichtsverfahren angelegten Beweisführung stellt 280 Jahre später »Tritojesaja«, der Prophet der Perserzeit, die Ungerechtigkeit der Ratsherren und der Kaufleute, der Diplomaten und Verwaltungsbeamten heraus (Jes 59).

> Ihre Fäden taugen nicht für Kleider, mit ihren Erzeugnissen kann man sich nicht zudecken.
> Ihre Werke bringen nichts als Verderben, ihre Hände verüben Gewalttaten.
> Sie hinterlassen eine Spur von Verwüstung und Zerstörung.
> Den Weg zum Frieden kennen sie nicht und halten sich nicht an das Recht.

> Sie gehen krumme Wege. Wer ihnen folgt, wird nie Frieden finden.
> So verlor das Recht an Boden, die Gerechtigkeit blieb auf der Strecke.
> Auf dem Marktplatz widersetzt man sich der Wahrheit, die Aufrichtigkeit kommt nicht zum Zug.
> Es missfiel ihm, dass es kein Recht mehr gab. Er sah, dass keiner etwas unternahm. Er war entsetzt, dass niemand dagegen einschritt.
> Da griff er selbst ein und stützte sich auf seine eigene Gerechtigkeit.
> **Er zog die Gerechtigkeit an wie eine Rüstung**
> **und setzte sich den Helm der Rettung auf.**

Neben der Grundregel »Gottes Wort zu halten, Güte zu lieben und Gott getreu zu folgen« ist die wiederkehrende Übung insbesondere im Kontext ritueller Regelungen verankert: Immer »wenn dein Sohn dich fragt«, dann entsteht ein neuer Schub im Lernen. »Wenn du gegessen hast und satt bist« – also jeden Tag – erinnere dich dessen, wie Du in dieses Land gekommen bist und wer es Dir anvertraut hat.

Vielfach sprechen auch die Psalmen den Übungsfaktor zeitlich aus: »bei Tag und bei Nacht sinne ich über Deine Weisung«. Genauso steckt das Wachstumshormon des Glaubens auch in der Paränese zum eucharistischen Mahl: »Sooft ihr daraus trinkt (zu meinem Gedächtnis), verkündet ihr, (dass er vom Tod auferstanden ist und) wiederkommt...« (1Kor 11).

3. Unterscheidung

Bei der Durchsicht der atl. wie der paulinischen Belege fällt auf, dass das Einüben und Ausüben nicht primär auf liturgische Vollzüge, sondern vorrangig auf die Pflege rechtmäßiger Lebensverhältnisse ausgerichtet ist. Es ist sicher richtig, dass die Verantwortung und das Engagement für soziale Gerechtigkeit nicht der einzige Inhalt eines gottergebenen Lebens sein kann. Zur Pflege der Gottergebenheit gehört die Pflege von Zeremonien, die Sorgfalt im Gottesdienst, die Pflege des Gesangs und des Gebetes, die Pflege der Sakramente ebenso wie die Ermahnung und Tröstung, die Erbauung der Gemeinde zum geistlichen Tempel. Das aber, so scheint es, sehen die Propheten und auch Paulus – weil systemimmanent – als einen »Selbstläufer« an.

Es bleibt daher zu fragen, inwieweit sich heute die Kultur der Spiritualität einseitig auf konsumtive Übungen spezialisiert hat: also sich auf Exerzitien im Schweigen, auf Achtsamkeit, auf Selbsterfahrung, auf Naturerleben, auf Meditation oder auf die Pflege klösterlicher Gebetstraditionen fokussiert. Die Berneuchener Gemeinschaften werden wahrgenommen mit dem Anliegen, den Reichtum liturgischer Formen und Formulierungen zu pflegen. Das Kirchberger Tagungsprogramm lädt zur spirituellen Vertiefung ein. Ist unser Blick vor allem nach innen gerichtet, auf unser liturgisches Alleinstellungsmerkmal? Geben wir den Tagungsgästen mit, was sie brauchen an Zuhören und Zuspruch? Bieten wir ihnen an, was *uns* wichtig ist? Sehen wir auch, wonach *sie* verlangen? Wo wir *sie* abholen müssen? Dienen wir *ihnen* oder dienen wir *uns selbst*?

Lukas hebt in Ac 2,42 die vier Säulen des christlichen Lebens hervor: Sie blieben beständig – also eingeübt – in der Lehre der Apostel, in der Gütergemeinschaft, im Gebet und im Brotbrechen, d. h. in der Feier der Eucharistie (Taufe, Handauflegung und Ordination eingeschlossen). Beständig bleiben vollzieht sich im **Wiederholen**. Insofern ist das iterative Bleiben eben Ein-üben und Aus-üben, Wiederholen und Vertiefen. Es braucht heute mehr denn je ein sorgfältiges Lehren und Verstehen des Glaubens. Es braucht die achtsame Seelsorge, die nicht bevormundet, sondern befähigt. Es braucht die Übung in der diakonischen Zuwendung, die nicht beschämt, sondern befreit. Es braucht die Einübung, nach innen zu hören, vor Gott still zu werden und den Ruf Gottes zu hören. Das alles aber bleibt ein Torso, wenn nicht die einfallsreiche Hilfe und Barmherzigkeit Gerechtigkeit wirkt, die spüren lässt, dass die Mächte des Todes überwunden sind. »Was nicht zur Tat wird, hat keinen Wert«, sagte zu Recht Gustav Werner.

Beständig bleiben vollzieht sich im Wiederholen.

4. Einüben durch Bilden

Wer wollte es mir verübeln, dass ich, nachdem die Bibel zu Wort gekommen ist, auch unseren Bruder Uhrig in seinen Bildern hervortreten lasse? Zunächst ist daran zu erinnern, dass alle seine Bildschöpfungen aus dem Hören, aus dem Wiederkäuen, aus dem Herausfiltern entstanden sind. »Ich höre, wenn ich zeichne« –, damit beschrieb Uhrig, dass das vortastend erfassende Zeichnen ihm half, die leisen Stimmen, die hintergründigen, die wesentlichen Aspekte zu vernehmen. Ich höre, wenn ich dem Wort folge und die Spuren sichtbar mache, die das Geschehen bzw. der Handelnde hinterlassen hat.

Eine Szene, die dazu anleitet, vor Gott still zu werden, ist die Zwiesprache der Maria mit der Geistkraft, die sie erfüllte: »Mir geschehe, wie Du gesagt hast«. Uhrig bildet diese Szene nicht ab, als hätte Lukas ihm einen Fotoapparat in die Hand gedrückt. Uhrig bildet die Begegnung in unsere Herzen ein. Wir selbst werden zum Tempel, in dem Gott Mensch wird.

Ebenso stellt Uhrig den 12-jährigen Jesus vor Augen: Weil er in seines Vaters Haus zuhause ist, lehrt er die Lehrer. Es gilt, die Verheißung als spirituellen Leitfaden zur Hand zu haben.

Jesus lehrt in der Synagoge, um Gottes Wort wirksam werden zu lassen: »Heute ist dieses Wort vor euren Ohren in Erfüllung gegangen.« Man kann es hören und abtun, man kann es hören und aufnehmen. Überall, wo ein Lahmer zu gehen lernt, wo einem Blinden die Augen aufgetan werden, wo ein Tauber zu hören beginnt, wo Traurige getröstet, Hungrige gespeist, Nackte gekleidet, und wo die, die im Regen stehen, ins Haus geholt werden, da kommt der Himmel auf die Erde. Da hat die re-kreative Geistkraft Hand und Fuß angenommen.

Jesus stellt nicht den perfekten Pharisäer, sondern den reumütigen Zöllner als Vorbild des Glaubens hin: Dieser ging gerechtfertigt nach Hause, der Pharisäer aber nicht.

Jesus verkörpert die Ruhe im Sturm und gebietet den Wellen – und die Angst schwindet.

Jesus verkörpert die Ruhe im Sturm und gebietet den Wellen – und die Angst schwindet. Er ergreift den sinkenden Petrus und stellt ihn erneut auf den festen Boden des Vertrauens.

Uhrig zeigt, wie Gott Mose im lodernden Feuer der Liebe aus dem stachligen Strauch der Selbstzweifel »Auf keinen Fall ich« heraus in Anspruch nimmt, um das Unmögliche wirklich zu machen. Uhrig zeigt, wie Gott sich in Wolke und Feuerschein hüllt und das Volk durch den Tod hindurch ins Leben führt. Den gleichen Weg der Wandlung gehen auch wir. Ob wir gefangen sind in Furcht und Verzagtheit, oder wenn wir einen Standpunkt nicht aufgeben und uns einmauern im Rechthaben – immer wieder muss etwas in uns sterben, damit wir leben können.

Alle diese iterativen Erzählungen leiten uns an, mit der Einübung des Glaubens immer wieder zu beginnen. Und andere Erzählungen, die Heilung der Aussätzigen, die Heilung des Besessenen, die Auferweckung der Toten, die Speisung der Vielen – sie helfen, uns in die Erwartung des kommenden Heils einzuüben. Uhrig meinte, die Menschen unserer Tage müssten seine Bilder vor Augen haben, wenn sie die Predigt richtig verstehen wollten: eben nicht als Rückblick auf etwas Vergangenes, sondern als Ausblick auf Gegenwärtiges und Zukünftiges.

5. Lebendiges Erbe

Mit dem Sprichwort Übung macht den Meister hat dieser Beitrag begonnen. Das gilt natürlich auch für Helmuth Uhrig und seine Kunst. Uhrig hat seine Meisterschaft mit der Einübung von Fingerfertigkeit und Vorstellungskraft vorbereitet. An den Werken der Bildhauer und Maler früherer Jahrhunderte hat er gelernt, bildhaft zu sehen, zu denken und zu gestalten. Sein Erstlingswerk ist die Anbetung der Könige im Stil von Veit Stoß. Nachdem durch die Nazizeit und den Weltkrieg Inhalt und Formgebung zerbrochen war, hat er gelernt, durch *Abstrahieren* eine neue Formensprache zu entwickeln. Insbesondere im Kirchenbau, beim Ins-Bild-Setzen biblischer Erzählung und für die Religionspädagogik hat Uhrig uns das Bewusstsein dafür geschärft, was »das biblische Bild« sein kann und sein muss: nicht Abbild und Nachbildung, sondern Spiegel- und Vorbild.

Eine Reisekutsche kann zum Schulhaus werden, eine Pfütze am Straßenrand zum Taufbecken (Ac 8). Der Ort, an dem Gott in einem Herzen aufleuchtet, kann überall sein, zum Sakrament braucht es nicht mehr als Wort und Zeichen. Das Wesentliche einer Gotteserfahrung, das Wesentliche in der Begegnung mit Jesus als dem Christus, der Leben aus dem Tod erweckt, soll im »biblischen Bild« transparent werden.

Der Ort, an dem Gott in einem Herzen aufleuchtet, kann überall sein, zum Sakrament braucht es nicht mehr als Wort und Zeichen.

Uhrig wurde nicht müde, dies in vielen Vorträgen immer wieder den Gemeinden nahezubringen. Oftmals waren es Michaelsbrüder, die sich durch Uhrig ermutigt sahen, ihre Kirchen nach dem Krieg so zu gestalten, dass nach dem gesprochenen und verklungenen Wort die Botschaft (und der sich darin Mitteilende) visuell präsent bleiben. Für jede Kirche erarbeitete Uhrig ein in sich stimmiges Gestaltungskonzept. Oftmals waren nicht nur 20, sondern 72 oder gar 144 Szenen bildlogisch aufeinander abzustimmen.

Uhrig hat sein künstlerisches Üben auch noch in einem anderen Bereich gepflegt. Er nannte diese Arbeiten »Ludische Studien«, also die spielerische Entfaltung der Form. Annähernd tausend solcher Zeichnungen und Gemälde hat er uns nachgelassen: Zu Lebzeiten hat er sie kaum jemals jemandem gezeigt. Er hatte sie nicht für den Kunstmarkt geschaffen, sondern als Übung, als sein Lernfeld. Einerseits verfolgte er damit das Anliegen zu erforschen, inwieweit das Unbewusste seinen Gestaltungsprozess lenkt. Andererseits hat er dabei abstrakte Formen gefunden, die er systematisch weiterentwickelt und als symbolische Elemente in seine Kompositionen aufgenommen hat.

Seine »Ludischen Übungen« haben seinen Blick dafür geschärft, in einer biblischen Szene den sogenannten »fruchtbaren Augenblick« zu finden, von dem aus rückblickend das bisher Erzählte den Moment größter Erwartung aufbaut und von dem aus vorausblickend schon das Ergebnis zu ahnen ist. Den fruchtbaren Moment zu erfassen und die Betrachter genau hier auf die Schwelle des Geschehens zu stellen, war das künstlerische Anliegen Uhrigs.

Dass wir Berneuchener, die wir der Bibel große Aufmerksamkeit schenken, Uhrigs Erbe nicht nur hüten, sondern weitergeben dürfen, ist für uns ein großer Glücksfall. Es liegt darin freilich auch eine große Herausforderung. Früher waren die Brüder Michael Raithelhuber, Holger Eickhoff, Otto Klein sowie Adolf Klek in der Betreuung des Nachlasses engagiert, unterstützt von Monika Naidu, Brigitte Vosseler und der Kuratorin Dr. Ingrid Helber. Inzwischen steht ein Generationswechsel an. Uhrigs Bilder sind nicht alleinseligmachend, gewiss nicht. Aber sie haben uns auch heute noch viel zu sagen. Es war der Wunsch von Helmuth und Gretel Uhrig, dass Schwestern und Brüder der EMB, des DB und der GSM sein Erbe lebendig halten.

Pfarrer i. R. Ulrich Koring gehört dem Konvent Süden der Gemeinschaft sankt Michael an.

»... sprich nur ein Wort, so wird meine Seele gesund!«

Zum Verhältnis von Spiritualität und Gesundheit aus theologischer und humanwissenschaftlicher Sicht[1]

von Holger Eschmann

Mit meinem Vortrag möchte ich Sie hineinnehmen in ein Forschungsgebiet, das mich in den letzten 15 Jahren stark beschäftigt hat. Es geht um Zusammenhänge zwischen Spiritualität oder Religiosität und Gesundheit. Diesem Thema habe ich meine letzten Forschungssemester an den Universitäten in München und Zürich gewidmet. Mit Fachkollegen und -kolleginnen aus verschiedenen Disziplinen gründeten wir 2011 die »Internationale Gesellschaft für Gesundheit und Spiritualität« mit Sitz in München, die die Zusammenarbeit zwischen Medizin, Psychologie, Theologie, Philosophie und anderen Wissenschaftsbereichen fördern will. Und wir geben eine Fachzeitschrift heraus mit dem Titel: »Spiritual Care. Zeitschrift für Spiritualität in den Gesundheitsberufen«[2].

Themen, die einen stark bewegen, haben meist lebensgeschichtliche Bezüge.

Themen, die einen stark bewegen, haben meist lebensgeschichtliche Bezüge. So auch dieses Thema bei mir. Vor etwa 40 Jahren nahm ich als Theologiestudent in Heidelberg an jedem Mittwochmorgen um 7 Uhr an einem studentischen Abendmahlsgottesdienst in der Peterskirche teil. Verantwortlich für die liturgische Form der Feier war der Heidelberger Systematische Theologe und Michaelsbruder Albrecht Peters. Ich hatte damals eine schwierige Zeit. Nach einem schweren Autounfall seelisch hin- und hergeworfen, voller Schuldgefühle, ohne festes Berufsziel, taumelte ich damals, nach Halt suchend, ins Studium der Theologie. Hier erhoffte ich mir Antworten auf meine existenziellen Fragen. In dieser Zeit gab mir die wöchentliche morgendliche Feier in der Peterskirche Struktur, sie schenkte mir heilsame Spra-

---

[1] Überarbeiteter Vortrag, gehalten am 14.01.2026 auf dem Epiphaniaskonvent des Konvents Hessen der Evangelischen Michaelsbruderschaft in Kloster Salmünster. Ort der Erstveröffentlichung: »Sprich nur ein Wort, so wird meine Seele gesund.« Zum Verhältnis von Religion und Gesundheit aus theologischer und humanwissenschaftlicher Sicht, in: A. Deeg/C. Lehnert (Hg.): Erfahrenes Heil. Gottesdienst und Heilung, Leipzig 2024, 12–27.

[2] Erscheint viermal im Jahr bei De Gruyter, Berlin.

che und das Gefühl eines vorbehaltlosen Angenommenseins von Gott und der feiernden studentischen Gemeinschaft, die nach der Evangelischen Messe in den Gemeinderäumen immer noch zusammen frühstückte.

Zu den heilsamen Texten der Abendmahlsliturgie gehörten für mich damals besonders auch die durch die liturgische Tradition etwas veränderten Worte des Hauptmanns von Kapernaum aus Matthäus 8,8 (Lk 7,6f.), die wir jeden Mittwochmorgen gemeinsam beteten: »Herr, ich bin nicht würdig, dass Du eingehst unter mein Dach, aber sprich nur ein Wort, dann wird meine Seele gesund.« So lautet die Version in der katholischen Messe, die schon sehr früh, ab dem 10. Jahrhundert, in der Liturgie nachweisbar ist.[3] Diese Worte brachten auf den Punkt, was ich in meiner Zerrissenheit damals empfand und ersehnte.

Natürlich verändern sich im Rückblick Erinnerungen, aber in meiner heutigen Deutungsperspektive ereignete sich damals in, mit und unter dem regelmäßigen Eucharistiefeiern, dem Bekenntnis von Unvollkommenheit und Schuld, dem Zuspruch der Vergebung und der erlebten *Communio* bei mir spürbare Stabilisierung, ja Heilung und Gesundheit. Es war keine Spontanheilung, wie sie in den neutestamentlichen Texten häufig beschrieben wird, aber ich konnte die mir damals verschriebenen Psychopharmaka reduzieren, gewann zunehmend eine leidenschaftliche Freude an der wissenschaftlichen Theologie und schließlich auch – alles in diesem einen Jahr – eine Berufsperspektive oder, wie man in meiner evangelisch-methodistischen Tradition sagt, eine Berufung für den pastoralen Dienst.

1. Zur Diskussion des Verhältnisses von Spiritualität und Gesundheit

Die Frage nach den Zusammenhängen und Wechselwirkungen zwischen Spiritualität und Gesundheit ist so alt wie die Menschheit selbst.

Die Frage nach den Zusammenhängen und Wechselwirkungen zwischen Spiritualität und Gesundheit ist so alt wie die Menschheit selbst. Seit Jahrtausenden wurden in Krankheitszeiten Priester, Schamaninnen, Medizinmänner oder andere religiöse Heiler und Heilerinnen aufgesucht oder pilgerten Menschen zu heiligen Orten und Kultstätten, um gesund zu werden, Linderung ihrer Beschwerden zu erfahren oder wenigstens neu Kraft zu bekommen, um mit ihren chronischen Leiden leben zu können.[4]

3 Vgl. J. A. Jungmann, Missarum Sollemnia. Eine genetische Erklärung der römischen Messe, Bd. 2, Freiburg 1962, 441–444.

4 Vgl. u. a. J. Levin, Religion and Medicine. A History of the Encounter Between Humanity's Two Greatest Institutions, Oxford 2020; A. Porterfield, Healing in the History of Christianity, New York 2005.

Dass Religion und Medizin sich auseinanderentwickelt haben und kaum das Gespräch miteinander suchen, wie wir das in unserer heutigen westlichen Welt für gewöhnlich erleben, hängt, etwas vereinfacht gesagt, mit der rasante Entwicklung der Naturwissenschaften – und damit auch der Schulmedizin – und mit dem weitgehenden Rückzug des Religiösen ins Private in der Neuzeit zusammen. Erst gegenwärtig wieder, in der sogenannten Post- oder Spätmoderne, in der uns die Grenzen des menschlich Machbaren stärker bewusst werden und mehr über alternative Technologien und alternative Medizin nachgedacht wird, kommt auch die Frage nach dem Zusammenspiel von Religion und Gesundheit wieder neu in den Fokus unserer westlichen Gesellschaften.

Spätestens Anfang der 1980er-Jahre ist in anerkannten medizinischen, sozialwissenschaftlichen und psychologischen Zeitschriften eine rasante Zunahme von Beiträgen über die Wechselwirkungen von Religion und Gesundheit zu beobachten. Dieses wachsende wissenschaftliche Interesse an unserer Fragestellung konnte man zunächst in Nordamerika beobachten und später auch in Europa und weltweit. Die ersten statistischen Untersuchungen lieferten aufsehenerregende Ergebnisse: Religiöse Menschen müssen weniger häufig ins Krankenhaus, sie erfreuen sich – statistisch gesehen – eines niedrigeren Blutdrucks und sind besser gegen Herz-Kreislauf-Erkrankungen geschützt. Sie reagieren auf belastende Lebensereignisse weniger häufig mit Depressionen. Patienten, die beten und meditieren, sind nach Operationen schneller wieder auf den Beinen und benötigen weniger Schmerzmittel. Menschen, die regelmäßig einer spirituellen Praxis nachgehen, verfügen über ein effektiveres Immunsystem. Die Lebenserwartung von Menschen, die regelmäßig einen Gottesdienst besuchen, ist signifikant höher.[5] Im Leitartikel eines Heftes der populären Zeitschrift »Psychologie heute« zum Thema »Glaube und Gesundheit« konnte man 2005 lesen, dass der Unterschied im Gesundheitszustand zwischen spirituell aktiven und nicht so aktiven Menschen »ähnlich (sei) wie der zwischen Nichtrauchern und Rauchern.«[6] Und der frühere Präsident der Berliner Ärztekammer, Ellis Huber, wird mit den provozierenden Worten zitiert: »Wenn Spiritualität ein Medikament wäre, wäre es längst zugelassen, denn sie wirkt«.[7] Auch die Wochenzeitung *DIE ZEIT* nahm sich dieses Themas an und überschrieb vor 25 Jahren einen Artikel zu

»Wenn Spiritualität ein Medikament wäre, wäre es längst zugelassen, denn sie wirkt«.

[5] Vgl. D. A. Mathews, Glaube macht gesund. Spiritualität und Medizin, Freiburg ^{2}2001; H. Koenig/M. McCullough/D. Larson, Handbook of Religion and Health, Oxford 2000.
[6] T. M. De Jong, Glaube, Hoffnung, Heilung: Psychologie heute 32 (3/2005), 22.
[7] Ebd.

unserem Thema mit den Worten: »Gott heilt mit. Eine Vielzahl von Studien belegt einen gesundheitsfördernden Einfluß der Religion: Wer glaubt, lebt länger.«[8]

Mittlerweile ist der Hype etwas abgeklungen, und tausende von klinischen Studien aus verschiedenen Disziplinen mit inzwischen hunderttausenden von kranken und gesunden Probanden und Probandinnen liefern valide, aussagekräftige Ergebnisse über die Religionsgrenzen hinweg. Als Reaktion auf die positiven Korrelationen im Blick auf den Zusammenhang von Religiosität und Gesundheit wurde schon bald in kritischen Artikeln darauf hingewiesen, dass es auch Untersuchungen gibt, die keinen oder auch einen negativen Effekt von Religiosität oder Spiritualität auf die Gesundheit bescheinigen, vor allem in engen, rigiden religiösen Kontexten. In Europa ist man wegen der insgesamt kritischeren öffentlichen Haltung zur Religion ohnehin vorsichtiger als in den USA gegenüber zu schnellen Schlussfolgerungen, was den positiven Effekt von Religion oder Spiritualität auf die Gesundheit angeht.[9]

In einem ausgewogenen Artikel fasst der Religionspsychologe Bernhard Grom die Ergebnisse von 40 Jahren Forschung zusammen. Er schreibt: »Religiosität/Spiritualität [...] kann durch ihren Beitrag zur Bewältigung kritischer Lebensereignisse und Dauerbelastungen gegen Streß abpuffern und manchen Erkrankungen vorbeugen. Sie kann auch zur günstigen Krankheitsverarbeitung beitragen und damit Heilungsprozesse unterstützen und leichtere Beschwerden beheben. Damit ist sie eine wichtige soziale und persönliche Ressource – ein Bewältigungs- und Schutzfaktor.«[10]

Einer der US-amerikanischen Pioniere auf diesem Gebiet, der jüdische Epidemiologe Jeff Levin, schreibt zu den genannten empirischen Studien recht nüchtern: »Wenn man ein vernünftiges Fazit ziehen kann, dann dieses: Für gläubige Menschen kann die Religion eine wichtige Ressource sein, um die Herausforderungen des Lebens zu bewältigen und so das eigene Wohlbefinden zu steigern [...] Die Schlussfolgerung aus den Tausenden von sozialen, verhaltenswissenschaftlichen, biomedizinischen, epidemiologischen und anderen klinischen und bevölkerungsbezogenen Gesundheitsforschungsstudien ist eigentlich ganz einfach und sollte kein Anlass für Kontroversen sein: nämlich, dass ›religiöse

[8] ZEIT ONLINE vom 8.10.1998, vgl. https://www.zeit.de/1998/42/199842.kirchenmedizin_.xml, (Zugriff am 06.02.2026).

[9] Vgl. S. Murken, Gottesbeziehung und psychische Gesundheit, Münster 1998 und J. L. Griffith, Religion hilft, Religion schadet. Wie der Glaube unsere Gesundheit beeinflusst, Darmstadt 2013.

[10] B. Grom, Wie gesund macht der Glaube?: StZ (2/2011) 111 f.

Beteiligung im Durchschnitt primär präventive Wirkungen (aufweist) [...] mit einer Assoziation zu geringerer Morbidität: nicht mehr und nicht weniger.«[11] Levin wendet sich in seinem Buch ausdrücklich dagegen, dass naturwissenschaftliche Ergebnisse von manchen Forschern und Forscherinnen wie eine Art Gottesbeweis zweckentfremdet wurden. Solche Beweise liefert die Naturwissenschaft nicht, und es besteht die Gefahr, dass das Religiöse funktionalisiert wird.[12]

Mit einer ähnlichen Differenzierung schließt auch der Münchner Bernhard Grom in dem bereits erwähnten Artikel: »Religiosität kann man nicht verordnen wie ein Medikament oder eine Rehamaßnahme; sie eignet sich dazu so wenig wie die Empfehlung, in einer festen Partnerschaft zu leben, die sich statistisch ebenfalls als gesundheitsfördernd erweist. Beides muß aus innerer Überzeugung erwachsen. Doch wenn sich Kranke auf diese besinnen, sollte man sie ermutigen.«[13]

Aus seelsorglicher Perspektive ist schließlich noch anzumerken, dass kein Umkehrschluss gemacht werden darf, wie man es leider in bestimmten christlichen Milieus erleben kann, nach der Devise: »Wenn du krank wirst, hast du halt nicht richtig geglaubt oder nicht genug gebetet.« Das wäre sowohl unbiblisch als auch ein schwerer seelsorglicher Kunstfehler.

Auf der anderen Seite sollte aber die positive Kraft von Religion und Spiritualität, die durch die Studien aufgezeigt wird, nicht unterschätzt werden. Dafür gibt es gute theologische und auch naturwissenschaftliche Gründe.

2. Zur Bedeutung der Begriffe Gesundheit und Heilung

An dieser Stelle einige Überlegungen zu den Begriffen »Gesundheit« und »Heilung«. Grundsätzlich gilt: Wenn Menschen gesund werden, ist das ein Hinweis auf die Regenerationsfähigkeit des Lebens, die man zu einem gewissen Grad stimulieren und fördern kann[14]. Auf diese Regenerationsfähigkeit des Lebens sind sowohl die naturwissenschaftliche Medizin als auch alle Formen alternativer oder spiritueller Heilmethoden angewiesen. Für Christoffer Grundmann, ehemaliger Professor für Religion and the Healing Arts an der Valparaiso University in den USA begründet diese Abhängigkeit von der Regenerationsfähigkeit des Lebens »den religiösen Charakter aller Heilung«, da man »im Heilungs-

Wenn Menschen gesund werden, ist das ein Hinweis auf die Regenerationsfähigkeit des Lebens, die man zu einem gewissen Grad stimulieren und fördern kann.

[11] J. Levin, Religion and Medicine, a. a. O., 108.
[12] A.a.O., 114.
[13] A.a.O., 111f.
[14] Vgl. C. H. Grundmann, Heilung als Thema der Theologie, in: ThLZ 130, 3/2005, Sp. 231–246.

prozess Anteil an einem zutiefst erstaunlichen Geschehen (hat), das auf den Grund allen Lebens verweist«.[15] In der bekanntesten Definition von Gesundheit, die von der World Health Organisation im Jahr 1946 formuliert wurde, klingt dieser religiöse Charakter zumindest an: »Gesundheit ist«, nach der WHO, »ein Zustand des vollständigen körperlichen, seelisch-geistigen und sozialen Wohlergehens und nicht nur das Fehlen von Krankheit oder Gebrechen.«[16] Diese Definition hatte weitreichendende Folgen.

Der englische Begriff »Well-Being« in dieser Definition, im Deutschen mit »Wohlergehen« übersetzt, hatte starken Einfluss auf die Entwicklung der Hospizbewegung und der Palliativmedizin, weil er nämlich zu der Frage führte, was Wohlergehen und Wohlbefinden im Falle von chronischem Leiden, lebenslanger Behinderung oder im Kontext des Sterbens bedeuten könnte. Die WHO-Definition richtete den Blick neben der medizinischen Dimension auch auf die Sozialpolitik und das Bildungswesen.[17] Es klingt der alttestamentliche, umfassende Begriff des *Schalom* an. Andererseits wurde die Weite der WHO-Definition auch als Schwäche wahrgenommen. Wie soll ein vollständiges Wohlergehen in allen Bereichen je erreicht werden? Und wohnt nicht solch einer umfassenden Definition, die sicher auch Ausdruck moderner Fortschrittsgläubigkeit ist, die Gefahr des Totalitären inne? Aus diesen Gründen kann die WHO-Definition nur eine Richtungsangabe oder Zielformulierung sein.

In den letzten 50 Jahren ist im Blick auf unser Thema Bewegung in die Überlegungen der WHO gekommen. So verabschiedete sie eine Resolution, in der der Begriff des Spirituellen ausdrücklich in die Gesundheitsversorgung aufgenommen wurde. Während kommunistisch geprägte Länder wie China und laizistische wie Frankreich dagegen votierten, waren es »mehrheitlich Delegierte aus islamisch geprägten Staaten, die sich für eine Integration der spirituellen Dimension aussprachen«.[18] Diese Entwicklung führte dazu, dass die WHO die Dimension des Spirituellen in die Definition der Palliativmedizin aufnahm: »Palliativmedizin [...] ist ein Ansatz zur Verbesserung der Lebensqualität von Patienten und ihren Familien, die mit Problemen konfrontiert sind, welche mit einer lebensbedrohlichen Erkrankung einhergehen. Dies ge-

15 A.a.O., 243.

16 Verfassung der WHO, 22.07.1946. Vgl. http://www.admin.ch/ch/d/sr/i8/0.810.1.de.pdf, (Zugriff am 06.02.2026).

17 T. Roser, Spiritual Care, Stuttgart ^{2}2017, 379 f.

18 S. Peng-Keller, Spiritual Care im Gesundheitswesen des 20. Jahrhunderts. Vorgeschichte und Hintergründe der WHO-Diskussion um die spirituelle Dimension, in: S. Peng-Keller/D. Neuhold (Hg.), Spiritual Care im globalisierten Gesundheitswesen. Historische Hintergründe und aktuelle Entwicklungen, Darmstadt 2019, 49.

schieht durch Vorbeugen und Lindern von Leiden durch frühzeitige Erkennung, sorgfältige Einschätzung und Behandlung von Schmerzen sowie anderen Problemen körperlicher, psychosozialer und spiritueller Art.«[19] Hier taucht der Begriff »spirituell« im medizinischen Behandlungskontext als ein Bereich auf, der zum Wohlergehen notwendig dazugehört, auch wenn vage bleibt, was damit gemeint ist und wer das finanziert.

An dieser Stelle kann auch der Begriff der Heilung eingebracht werden, in dem mehr mitschwingt als die bloße Beseitigung von körperlichen oder seelischen Störungen und Einschränkungen. Das kommt schon durch die etymologischen Nähe von Heilung zu dem Begriff des Heils. Heilung kann auch ein Mensch erfahren, der nicht von allen gesundheitlichen Beschwerden genesen ist, sondern in und mit allen Beschwerden neue Hoffnung und Lebensmut gewinnt. Auf dem Schreibtisch meiner Frau liegt eine Spruchkarte des Tübinger Theologen und Mediziners Dietrich Rössler: »Gesundheit ist nicht die Abwesenheit von Störungen – Gesundheit ist die Kraft, mit ihnen zu leben.«[20] Und oft sind es gerade die Risse im Leben, die schweren Zeiten, die etwas von dem Wert und von der Tiefe des menschlichen Lebens offenbaren. Oder wie der von der jüdischen Kabala beeinflusste Singer-Songwriter Leonhard Cohen in seinem bekannten Lied »Anthem« dichtete »There is a crack, a crack in everything, that's how the light gets in.«[21]

Heilung kann auch ein Mensch erfahren, der nicht von allen gesundheitlichen Beschwerden genesen ist, sondern in und mit allen Beschwerden neue Hoffnung und Lebensmut gewinnt.

3. Biblische Perspektiven

Bei der Behandlung der Frage nach dem Zusammenhang von Religion und Gesundheit aus jüdisch-christlicher Sicht darf ein Blick auf die Ursprungstexte nicht fehlen. Ich kann hier aus Platzgründen nur knapp zusammenfassen:

Während sich in der hellenistischen Antike auf der Grundlage der hippokratischen Tradition schon seit etwa dem 5. Jahrhundert vor Christus ein eigener Ärztestand ausbildete[22] und auch in Ägypten in ähnlicher Zeit das Behandeln von Ärzten vielfach bezeugt ist[23], ist eine solche Entwicklung in Israel bis ins 2. Jahrhundert unserer Zeitrechnung in den biblischen Texten nicht belegt. Dies sollte nicht als Wissenschaftsfeindlichkeit des Juden-

[19] https://www.dgpalliativmedizin.de/images/stories/WHO_Definition_2002_Palliative_Care_englisch-deutsch.pdf (Zugriff am 06.02.2026).
[20] D. Rössler, Der Arzt zwischen Technik und Humanität, München 1977, 63.
[21] www.youtube.com/watch?v=c8-BT6y_wYg (Zugriff am 06.02.2026).
[22] Vgl. R. Toellner, Art. Heilkunde/Medizin, II. Historisch, TRE 14 (1985) 747.
[23] Vgl. T. Pommerening, Krankheit und Heilung (Ägypten), www.bibelwissenschaft.de/ressourcen/wibilex/altes-testament/krankheit-und-heilung-aegypten (Zugriff am 06.02.2026).

Ersthelfer und maßgebliche Adresse in Krankheitsnot ist Gott selbst.

tums oder Urchristentums gedeutet werden, sondern kann mit dem Tübinger Medizinhistoriker Gerhard Fichtner gesprochen als eine Frage der *Priorisierung* verstanden werden.[24] Ersthelfer und maßgebliche Adresse in Krankheitsnot ist Gott selbst. »Ich bin der Herr, dein Arzt« heißt es unmissverständlich in Ex 15,26. In Krankheitsnot wird Gott angerufen, und er ist es, der den Menschen ganzheitlich wiederherstellt: »[...] der dir alle deine Sünde vergibt und heilet alle deine Gebrechen« (Ps 103,3). Krankheit und Tod werden in der biblischen Tradition nicht rein naturalistisch-innerweltlich gedeutet, sondern mit der Entfremdung des Menschen von Gott in Beziehung gebracht. Aber auch hier verbietet sich nach den biblischen Zeugnissen allerdings der Umkehrschluss, dass, wer krank ist, ein besonders starker Sünder sei.

Von ärztlicher Heilkunst ist in der Bibel angesichts dieser Priorisierung nur zurückhaltend die Rede. In der apokryphen Literatur findet man bei Jesus Sirach in Kapitel 38 das sogenannte Lob des Arztes: »Ehre den Arzt mit gebührender Verehrung, damit du ihn hast, wenn du ihn brauchst«. Aber gleich darauf wird im Sinne der genannten Priorisierung deutlich gemacht: »[...] der Herr hat den Arzt geschaffen, und die Heilung kommt von dem Höchsten.« (38,1 f.). Dass es ärztliche Behandlungen im alten Israel gab, zeigen archäologische Funde, wie z. B. Zahnspangen, Schädeltrepanationen u. a.[25]

Im Neuen Testament heilt Jesus als der von Gott Gesalbte und Gesandte Kranke (Mk 2,10f., Lk 4,18 f. u. a.). Die Verkündigung des Evangeliums und das Heilen von Krankheit und Besessenheit gehören bei ihm zusammen. Daher bedeuten Jesu Heilungen nicht nur die Wiederherstellung körperlicher und seelischer Gesundheit, sondern sind Zeichen der anbrechenden Gottesherrschaft, die mit dem Zuspruch des Heils und mit der Rettung des ganzen Menschen, ja des ganzen Kosmos verbunden sind. »Wenn Blinde sehen und Lahme gehen, Aussätzige rein werden und Taube hören, so ist dies für den Einsichtigen ein Hinweis darauf, dass der Messias gekommen und die Erlösung eröffnet ist (Mt 11,2–5; 12,23; Act 2,22; vgl. Jes 35,4–6; 42,7 f.; 61,1 f.)«, schreibt der Neutestamentler Otto Betz.[26]

Angesichts der vielen Heilungserzählungen, die rund 20 % des Textes der vier Evangelien ausmachen, darf allerdings nicht übersehen werden, dass körperliche Heilung und Rettung aus Not in

---

[24] G. Fichtner, Christus als Arzt. Ursprünge und Wirkung eines Motivs, in: K. Hauck (Hg.), Frühmittelalterliche Studien, Bd. 16, Berlin 1982, 3.
[25] M. Rösel, »Ich bin der Herr, Dein Arzt«, in: podium, Februar 2023, 5.
[26] O. Betz, Art. Heilung, I. Neues Testament, TRE 14 (1985) 766.

der Bibel auch ausbleiben können, und dass es auch darum geht, *im* Leiden Kraft und Hilfe durch den Glauben zu erfahren. Davon zeugen die Trosttexte im Alten Testament genauso wie der Apostel Paulus, dem sein Pfahl im Fleisch nicht weggenommen wurde (2. Kor 12,7) oder Jesus, der sich in Gethsemane angesichts des drohenden Unheils dem Willen Gottes anvertraut (Lk 22,42). Der Hinweis auf dieses Motiv wehrt allen einseitigen Heilungsvorstellungen.

Nicht nur Jesus heilt im Neuen Testament. Auf dem Hintergrund des Doppelgebots der Liebe und der radikalen Zuwendung zum leidenden Menschen (vgl. Lk 10,25–37) gibt Jesus auch den von ihm ausgesandten Jüngern und Jüngerinnen den Auftrag und die Vollmacht, Heilungen und Exorzismen zu vollziehen (Mk 6,7.13 par.). Die christliche Gemeinde bekommt Anteil an der heilvollen Kraft des auferstandenen Christus.

In dieser Linie ist auch Jakobus 5,14–16 zu sehen, wo von dem Gebet der Ältesten der Gemeinde über Kranken im Namen des Herrn, von der Salbung mit Öl und dem Bekennen der Sünden die Rede ist. Aber auch wenn in Jak 5 Gebet und Salbung als Weg zur Heilung beschrieben sind, wird – im Sinne der alt- und neutestamentlichen Priorisierung – gleichzeitig festgehalten, dass Christus den Kranken rettet und nicht ein Ritus, der ohne Gottesbeziehung funktionieren könnte.

Programmatisch endet der Artikel »Heilung(swunder)« von Hubert Frankemölle im Neuen Bibellexikon mit den Worten: »Die Aufgabe der Jünger/Christen vor und nach Ostern ist mit der Jesu identisch; sie sollen predigen und heilen (Mt 10,1.7 f. u. a.). Dies ist die bleibende, ganzheitlich-diakonische Grundstruktur der Kirche«.[27] Wenn man darunter nicht eine bloße Kopie der neutestamentlichen Heilungsgeschichten und Heilungswunder versteht, ist dieser Satz aus meiner Sicht zu unterschreiben.

Ob und wie die Kirche dieser diakonischen Grundstruktur im Lauf ihrer Geschichte entsprochen hat, wäre spannend zu verfolgen; aber dafür ist hier leider kein Raum. Interessant ist jedenfalls die Beobachtung aus kirchgeschichtlicher Perspektive, dass das Christentum auffälligerweise immer dann wuchs und sich ausbreitete, wenn die Kirche das heilende Handeln im Namen Gottes nicht vernachlässigte. Darauf wies bereits der Kirchenhistoriker Adolf von Harnack vor 100 Jahren hin, und dies wurde in einer vor weniger Jahren erschienenen umfassenden Studie der Religionshistorikerin Amanda Porterfield mit dem Titel »Healing

Ob und wie die Kirche dieser diakonischen Grundstruktur im Lauf ihrer Geschichte entsprochen hat, wäre spannend zu verfolgen […]

[27] Neues Bibel-Lexikon, Bd. 2, Ostfildern 1996, 110 f.

in the History of Christianity« bestätigt.[28] Porterfield schreibt zu den Anfangsjahren des Christentums: »Die neue Religion entwickelte sich als eine Art Gegengift zu den Leiden, die durch das Imperium verursacht wurden. Christliche Exorzismen, Heilungen und sorgende Bemühungen um arme und kranke Menschen fanden sich damals in einem breiten Marktangebot religiöser und medizinischer Dienstleistungen wieder [...] Und die Christen schlugen sich gut in dieser Arena. Während Heilungsriten an den Tempeln von Asklepius, Isis und anderen hellenistischen Gottheiten einem einige Unannehmlichkeiten und viele Kosten verursachen konnten, mussten die Nachfolger und Nachfolgerinnen Jesu nur zu ihm beten und seinen Namen anrufen.«[29]

4 Humanwissenschaftliche und theologische Überlegungen

4.1 Humanwissenschaftliche Deutungsversuche

Schauen wir in diesem Abschnitt darauf, wie Medizin und Psychologie die positive statistische Korrelation von Spiritualität und Gesundheit zu erklären versuchen. Folgende Faktoren werden hier in der Fachliteratur immer wieder genannt:[30]

- Durch den Glauben wissen sich Menschen in die gute Geschichte Gottes mit seiner Welt mit hineingenommen. Sie erfahren Sinnstiftung und Heimat durch Deutungsangebote auf die Fragen, woher sie kommen und wohin sie gehen.
- Menschliches Leben wird durch Leid, Schuld und Tod infrage gestellt. Religiosität/Spiritualität erweist sich als Ressource, um mit der unheimlichen Bedrohung des Lebens besser umzugehen, um Geborgenheit im Leiden zu erfahren und Kontingenzbewältigung zu leisten.
- Ethische Orientierung, religiöse Werte und hygienische Gebote führen Angehörige von Religionsgemeinschaften statistisch gesehen zu einer verantwortungsvolleren Lebensführung, z. B. im Umgang mit Drogen, Sexualität und Hygiene.
- Das Eingebundensein in eine religiöse Gemeinschaft stabilisiert. Es hilft zum besseren Verarbeiten von Notlagen. Wo man sich umeinander kümmert, verkümmert man nicht so leicht.
- Erfahrene Annahme durch ein göttliches Gegenüber kann helfen, sich von krank machenden gesellschaftlichen Denkstruk-

---

[28] Vgl. A. v. Harnack, Medicinisches aus der ältesten Kirchengeschichte, Leipzig 1892, 96; A. Porterfield, Healing in the History of Christianity, New York 2005.

[29] A. Porterfield, Healing in the History of Christianity, 48 f.

[30] Vgl. U. Fritsche, Art. Heilung, in: TRE Bd.14, 772 f., M. Utsch, Religiöse Fragen in der Psychotherapie, Stuttgart 2005, 157–185, W. Achtner, Spiritualität und Gesundheit, in: A. von Heyl/K. Kemnitzer/K. Raschzok (Hg.): Salutogenese im Raum der Kirche, Ein Handbuch, Leipzig 2015, 247; J. Levin, Religion and Medicine, a. a. O., 111.

turen und Verhaltensweisen wie Statusdenken, Leistungs- und Erfolgsdruck heilsam zu distanzieren.

- Religiöse Feiern können positive Emotionen und Gefühle von Frieden, Liebe und Angenommensein vermitteln, die messbare heilsame neurologische, endokrine und psychoimmunologische Prozesse fördern. Sie können positive Kognitionen vermitteln und Hoffnung wecken.

All diese Wirkfaktoren lassen sich mit modernen humanwissenschaftlichen Begriffen wie Resilienz, Coping oder dem von dem Medizinsoziologen Aaron Antonovsky beschriebenen »Sense of Coherence« in Zusammenhang bringen, die seit einiger Zeit als salutogenetische Faktoren in der Forschung diskutiert werden.

Religiöse Feiern können positive Emotionen und Gefühle von Frieden, Liebe und Angenommensein vermitteln [...]

4.2 Theologische Klärungen

Christliche Theologie wird zum einen diese humanwissenschaftlichen Einsichten zur Kenntnis nehmen und versuchen, sie theologisch zu integrieren. Sie wird diese Überlegungen andererseits aber auch um spezifisch theologische Aspekte erweitern:

- Heilendes Handeln aus religiöser Motivation ist aus christlicher Sicht Ausdruck der Teilhabe an der *Missio Dei*, also Teilhabe an der Sendung Gottes zu den Menschen. Das heißt, dieses heilende Handeln hat seinen primären Grund und Auftrag in der guten Geschichte Gottes mit seiner Welt. Und deshalb ist es auch eine Antwort auf den Schrei des notleidender Menschen.
- Heilungen sind aus theologischer Perspektive Zeichen der schöpferischen und bewahrenden Güte Gottes, die sie hinter der »Regenerationsfähigkeit des Lebens« sieht. Und sie sind ein Hinweis auf das in Jesus Christus anbrechende Reich Gottes. Daher intendieren sie mehr als das bloße Gesundwerden des Menschen. Sie zielen auf einen umfassenden individuellen und gemeinschaftlichen Schalom.
- Eine theologische Sicht auf Heilung und Gesundheit impliziert, dass sich keine Weise der Heilung absolut setzen kann – ob sich das Gesundwerden nun mit Hilfe von ärztlichen Eingriffen und Medikamenten oder Gebeten, Segnungen und Salbungen oder in Kombination von alledem ereignet.[31]
- Die biblischen Aussagen zum Thema »Heilung« korrigieren Allmachtsphantasien und unrealistische Heilungsversprechen sowohl medizinischer als auch religiöser Art. Das neutestamentliche »Schon jetzt« des anbrechenden Gottesreiches und das »Noch nicht« der Vollendung der Welt weiß – ebenso wie die

[31] Zum Zusammenspiel der verschiedenen Disziplinen vgl. H. Eschmann, Wie hältst Du's mit der Psychotherapie, in: WzM 61 (2009) 367–377.

paulinische Kreuzestheologie – um die Gebrochenheit menschlicher Existenz und um die Vorläufigkeit aller Genesung. Das schließt übrigens auch die Gebrochenheit der Existenz des heilenden Menschen mit ein, nicht nur des kranken!

- Beim heilenden Handeln von Menschen ist weder Gott noch der Glaube zu funktionalisieren. Gottes Zuwendung zum Menschen gründet in seiner Liebe und Freiheit. Das Heilige lässt sich nicht verzwecken. Die »Kirche verfügt nicht über Heilung als ein demonstratives Zeichen des Heils,« schreibt Christoffer Grundmann, »das würde sie zu einer Heilungssekte pervertieren.«[32] Und auch der Adressat des heilenden Handelns ist ja nicht ein Objekt, über das bestimmt wird, sondern ein glaubender und hoffender Mensch und damit ein Beteiligter.
- Die prophetischen Traditionen des Judentums und Christentums setzen Gesundheit und Heilung »in Beziehung zum sozialen Kontext des Lebens. Wer heilen will, muss die sozialen Bedingungen und Folgen seines Eingreifens erkennen und verantworten«.[33] Von daher kommen ethische, ökonomische und politische Fragen in den Blick. Hier wäre z. B. das Gefälle in Bezug auf den Zugang zu Medikamenten und Therapien zwischen sogenannten armen und reichen Ländern zu kritisieren.

5. Resümee

Es ist m. E. sehr zu begrüßen, dass Theologie, Medizin und Psychologie gemeinsam neu über den Zusammenhang von Spiritualität und Gesundheit, von Heil und Heilung nachdenken. Die christlichen Kirchen können daraus Impulse aufgreifen und in ihre Gemeindearbeit und in ihr sozial-diakonisches Handeln integrieren. Und sie sollten dies m. E. aus mehreren Gründen tun:

Die Kirche hat in ihrer Teilhabe an der Missio Dei (Sendung Gottes) den Auftrag, in der Nachfolge Jesu Christi nicht nur das Evangelium mit Worten, sondern auch helfend und heilend mit ihrem Tun zu kommunizieren.

- Die Kirche hat in ihrer Teilhabe an der *Missio Dei* (Sendung Gottes) den Auftrag, in der Nachfolge Jesu Christi nicht nur das Evangelium mit Worten, sondern auch helfend und heilend mit ihrem Tun zu kommunizieren.
- Gleichzeitig ist es ganz elementar der Schrei des kranken und notleidenden Menschen nach Zuwendung und Hilfe, vor dem die Kirche ihre Ohren und Türen nicht verschließen darf (Lk 10,25–37).
- Und schließlich kann das Nachdenken über die leib-seelische Dimension des Evangeliums Theologie und Kirche vor einer Spiritualisierung des Heils bewahren und an dessen soziale und politische Seite erinnern.

---

32 C. H. Grundmann, Heilung als Thema der Theologie, a. a. O., 245.
33 Fritsche, Art. Heilung/Heilungen II, 772.

Jahresinhaltsverzeichnis Quatember 2025

89. Jahrgang

Zur Einführung

Essays

Predigten

Rezensionen

In westlichen Gesellschaften gibt es eine starke Sehnsucht nach Gesundheit und Heilung. Hier kann der christliche Glaube mit seinem Angebot einer heilsamen Gemeinschaft anknüpfen. Dabei sollten die Kirchen aber nicht dem Optimierungs- und Machbarkeitswahn der westlichen Kultur verfallen, sondern immer auch an die Geschöpflichkeit und Fragmenthaftigkeit menschlichen Lebens erinnern.

Wie heilendes Handeln in Kirchengemeinden vor Ort ganz praktisch umgesetzt werden kann, zeigt ein Studienpapier der Christlichen Gesundheitskommission des Ökumenischen Rats der Kirchen. Es nennt u.a. folgende Stichworte: »Die Gemeinde nimmt ihr heilendes Amt wahr durch ihr Gebet für die Kranken, Bekenntnis und Vergebung, Handauflegen, Salbung, Eucharistie, kreative Heilungsliturgien, Unterstützung derer, die heilende Tätigkeiten ausüben, Lehrstätten für Menschen in Heilberufen [...]. Als heilende Gemeinschaft stellt die Gemeinde ihre Kräfte unter die Kraft Gottes und bemüht sich um heilende Beziehungen unter den Menschen und in der ganzen Schöpfung.«[34]

Dieses heilende Handeln der Kirche darf freilich – wie ausgeführt wurde – nicht undifferenziert geschehen. Der Glaube an Gott lässt sich nicht wie ein Medikament einsetzen, funktionalisieren oder instrumentalisieren. Das entlastet auch die komplexe Frage nach dem Zusammenhang von Religion und Gesundheit. Durch Spiritualität kann und muss nichts erzwungen werden, da sie in erster Linie göttliches Geschenk und erst als Antwort menschliche Übung ist. Gebete, spirituelle und liturgische Handlungen wirken vor allem dann heilsam, wenn sie aus intrinsischen Motiven heraus geschehen und nicht therapeutisch verzweckt werden. Oder um es mit einem schönen Vergleich von Michael Meyer-Blanck im Blick auf die Liturgie zu sagen: »Liturgisches Handeln wirkt gerade dadurch, dass es nicht wirken soll, vergleichbar vielleicht der Liebe, die nur dann Berge versetzt, wenn sie nicht intentional eingesetzt wird. Wenn ich sage: Ich will dich lieben, weil Du es brauchst und dann innerlich wachsen kannst, dann habe ich die Liebe zerstört. Wenn ich sage: Ich will dir vom Glauben erzählen, weil dich das beruhigt und eine heilende Wirkung ausübt, dann wird der Glaube zur Täuschung.«[35]

Ich schließe mit einer Ermutigung: Wer durch die theologische (Selbst-)Kritik hindurchgegangen ist, darf guten theologischen

Wer durch die theologische (Selbst-)Kritik hindurchgegangen ist, darf guten theologischen und humanwissenschaftlichen Gewissens heilsame spirituelle Akzente setzen

[34] Christian Medical Commission: Das christliche Verständnis von Gesundheit, Heilung und Ganzheit, Genf 1989, hrsg. vom Deutschen Institut für ärztliche Mission, Tübingen 1990, 24f.

[35] M. Meyer-Blanck, Liturgie und Therapie, in: PrTh 36 (2001), 273.

und humanwissenschaftlichen Gewissens heilsame spirituelle Akzente setzen – *in* der christlichen Gemeinschaft und *durch sie* in der Welt. Dies sollte in konstruktiver Zusammenarbeit mit medizinischen und therapeutischen Berufen und in Demut vor dem Geheimnis des Grundes allen Lebens geschehen. Sowohl die biblisch-christliche Tradition als auch heutige humanwissenschaftliche Erkenntnisse ermutigen dazu.

Prof. Dr. Holger Eschmann (GSM) lehrte 30 Jahre Praktische Theologie an der Theologischen Hochschule der Evangelisch-methodistischen Kirche Reutlingen.

Geist versus Schrift

von Andreas Lindner

Es gibt in der Geschichte ab und zu Ereignisse, die sich unabhängig voneinander entwickeln aber durch das Zusammenfallen an einem bestimmten Zeitpunkt in eine symbolträchtige Koinzidenz treten. Das eindrücklichste Beispiel, das ich aus meinem Fachgebiet kenne, ist das Jahr 529. In diesem Jahr schloss Kaiser Justinian mit der Akademie Platons in Athen die letzte pagane Hochschule der Antike. Und in diesem Jahr gründete Benedikt von Nursia sein Kloster auf dem Monte Cassino, sozusagen den Nukleus benediktinischer Gelehrsamkeit, die antikes Wissen die mittelalterlichen Jahrhunderte hindurch bewahren sollte.

Es gibt in der Geschichte ab und zu Ereignisse, die sich unabhängig voneinander entwickeln aber durch das Zusammenfallen an einem bestimmten Zeitpunkt in eine symbolträchtige Koinzidenz treten.

Eine andere Koinzidenz wäre die des Jahresendes 1521. Am 19. Dezember erschien Luthers Dezembertestament, die vor allem hinsichtlich einer flüssigen Sprache noch einmal revidierte Übersetzung der Septemberausgabe seines Neuen Testaments. Damit war das unumgehbare Textfundament für das Neue Testament als Wort Gottes im deutschen Sprachraum bis in das 20. Jahrhundert hinein gegossen. Selbst katholische Übersetzungen, wie die Hieronymus Emsers von 1527, kamen nicht ohne Luthers NT als Vorlage aus. Von hier aus reichte dann der Einfluss der Luther-Übersetzung bis in die sogenannte Eck-Bibel von 1537 mit ihrer oberdeutschen Sprachfassung des NT durch Johannes Eck. Aber zurück zum Jahresende 1521. Gerade acht Tage nach der Publikation des Dezembertestaments, am 27. Dezember, erschienen die Zwickauer Propheten Nikolaus Storch, Thomas Drechsel und Markus Thomae bei Melanchthon in Wittenberg und konfrontierten ihn mit ihrer Theologie unter dem Anspruch direkter Leitung durch das unmittelbare göttliche Wort. Melanchthon, zu diesem Zeitpunkt bereits angeschlagen, weil seit Herbst 1521 ohne Luthers Gegenwart hilflos dem radikalreformatorischen Agieren Andreas Karlstadts und Gabriel Zwillings ausgesetzt, fehlte die Energie, sich von vornherein abzugrenzen. Im Rahmen ihres unmittelbaren Geistempfangs problematisierten die Zwickauer vor allem die Gültigkeit der Kindertaufe. Beistand suchend wandte sich Melanchthon über Spalatin an den Kurfürsten und an Luther auf der Wartburg. Der kurfürstliche Hof zeigte ob der gesamten Entwicklung seit dem Herbst, die wie ein Aufruhr der Stadt wirkte, eine immer größere Unwilligkeit zur Kooperation. Friedrich der Weise ließ mitteilen: »[...] *dass sie zu Wittenberg überall für Ketzer gescholten würden. Sie zu Wittenberg hätten bereits genug auf der Nadel. Und dürften wahrlich sich mit diesen Leuten nicht auch beladen. [...] Wohl wüssten seine C[hurfürstliche] G[naden], dass Gott der Allmächtige durch Fischer und andere geringe und verachtete Leute große und wunderbarliche Dinge gehandelt, ausgerichtet und gewirkt hätte. Hielt es auch dafür, dass Gott nochmals könnte und vermöchte durch verachtete Personen dergleichen zu wirken. Ob aber diese Männer solche Leute wären, durch welche Gott auch solche Dinge handelt, wüsste man nicht. Sondern [es] wäre zu besorgen, ihr Vorgeben wäre mehr eine Verführung als eine Tatsache und Wahrheit. Weil sie von den Hauptverursachern der Empörung und des Aufruhrs zu Zwickau sein sollten, und zu fürchten, wie sie auch selbst schreiben, sie möchten zu Wittenberg auch Empörung anrichten.*«[1] Erst Luthers, vom Hof zunächst auch noch nicht gewünschtes Erscheinen und seine Invokavitpredigten lenkten die Reformation Wittenbergs zurück in eine ruhigere Bahn. Dabei kam es Anfang April 1522 auch zu einem Gespräch zwischen Luther, Markus Thomae und Martin Borrhaus, genannt Cellarius, einem Privatschüler Melanchthons, das eskalierte. Die Beiden argumentierten offensichtlich mit unmittelbaren göttlichen Eingebungen, denn Luther unterstellte ihnen, sie würden lügen und verlangte schließlich, Thomae solle seine Lehre, die über die Schrift hinausging, mit Wundern beweisen. Seine Gesprächspartner weigerten sich, Wunder zu tun, drohten ihm aber, dass er letztlich gezwungen wäre, ihnen zu glauben. Wir kennen allerdings auch nur Luthers Version dieser Unterredung, die ihm zufolge so endete: »*Meister Martin schäumte und brüllte und tobte während dem, ohne dass man ihn zum Reden aufgefordert oder befragt hätte, so dass er mir keinen Raum zum Sprechen ließ. Ich habe ihren Gott entlassen, indem ich ihn bedroht habe, wenn er gegen den Willen von meinem Gott keine*

---

1 [...] das sie zu Wittenberg vberall fur ketzer gescholden wurden. Sie zu Wittenberg hetten berayt genug auf der nadel. Vnd durfften warlich sich mit disen leuten nicht auch beladen. [...] Wol wust sein C[hurfürstliche] G[naden], das Gott der Allmechtig durch fischer vnd andere geringe vnd verachte leuth grosse vnd wunderbarliche ding gehandelt, außgericht vnd gewurckt hett, Hielt es auch dafur, das Gott nochmals kunt vnd vermocht durch verachte person der gleichen zuwircken. Ob aber diese menner solche leut weren, durch welche Gott auch solche ding handelt, wust man nicht, Sondern wer zubesorgen, ir furgeben wer mer ein verfurung dan ein bestandt vnd warheyt, Weil sie von den haubtsachern der enporung vnd aufrur zu Zwickaw sein solten, vnd zuforchten, wie sie auch selbs schreiben, sie mochten zu Wittenberg auch enporung anrichten.
Georg Spalatin: Protokollarische Aufzeichnungen betreffs der Zwickauer Propheten zu Wittenberg 1522 [2. Januar oder gleich danach], in: Nikolaus Müller: Die Wittenberger Bewegung 1521 und 1522. Die Vorgänge in und um Wittenberg während Luthers Wartburgaufenthalt, Leipzig 1911, 141 f.

Wunder vollbringt. So sind wir auseinandergegangen.«[2] Im selben Brief vom 12. April 1522 merkt er gegenüber Spalatin an, es habe sich herausgestellt, dass der Satan sich in seiner Weisheit gebadet habe[3]. Ein zweites Gespräch Anfang September 1522 mit Nikolaus Storch und dem neu für die Zwickauer Ideen gewonnenen Doktor beider Rechte, Gerhard Westerburg,[4] endete ebenso ergebnislos. Nicht anders erging es im selben Jahr Kaspar von Schwenckfeld, als er bei Luther vorsprach. Sie alle mit ihrem Anspruch der Erfahrung des unmittelbaren göttlichen Worts fielen unter das Verdikt, als Schwärmer zu den »falschen Brüdern« zu gehören. Damit waren sie doppelt Ausgestoßene. Als Anhänger der Reformation standen sie außerhalb des Kirchen- und des Reichsrechts und zugleich befanden sie sich aber auch außerhalb der sich herausbildenden evangelischen Kirchenwesen, sei es in adligen Territorien oder in Reichsstädten. Sie alle entgingen jedoch, soweit wir wissen, einem dramatischen Schicksal, da sie Individualisten blieben, denen es nicht darum ging, diesen landesherrlichen oder städtischen evangelischen Kirchenwesen eine eigene Ordnung entgegenzusetzen.

Anders verhielt es sich mit dem Mann, der für die Freie Reichsstadt Mühlhausen so unmittelbar schicksalhaft geworden ist. Thomas Müntzer mit seinen Bundesschlüssen der wahrhaft Frommen, um an Gottes Seite in den Endkampf gegen die Gottlosen einzugreifen, wurde zu Luthers Hauptkontrahenten in der Frage, welcher Größe mehr Gewicht zukomme: Geist oder Schrift? Oder anders ausgedrückt: Welche Größe von beiden die Leitgröße sei. Der Herkules Germanicus, der mit seiner Keule das Gebäude der scholastischen Theologie und mit ihr die traditionelle römische Buß- und Sakramentstheologie zertrümmerte, wie ihn Hans Holbein d. J. 1522 dargestellt hatte, stand gegen den, der sich als

Geist oder Schrift? Oder anders ausgedrückt: Welche Größe von beiden die Leitgröße sei.

[2] Spumabat & fremebat & furebat inter hec Magister Martinus nec loqui iussus nec interrogatus, vt nec mihi spacium loquendi faceret. Ego dimissis interminaui eorum deo, ne miracula ederet invito deo meo sic discessimus. WA Br 2, 493, 19–30. Die Werke Martin Luthers werden hier und im Folgenden zitiert nach der Weimarer Ausgabe (WA): D. Martin Luthers Werke, 120 Bde., Weimar 1883–2009, mit Angabe des Bandes, der Seiten- und Abschnittszahl.

[3] Prophetas istos nouos passus sum, & inuentus est Satan sese permerdasse in sapiential sua. Ebd., 493, 17–19.

[4] Gerhard Westerburg (um 1490–1558), seit 1521 Doktor utriusque, heiratete 1523 die Schwester Andreas Karlstadts und wurden mit diesem zusammen 1524 aus Sachsen ausgewiesen. Nach langen Jahren des Engagements in täuferisch gesinnten Kreisen und Gemeinden bis hin zum Täuferreich in Münster, gehört er zu den Wenigen, die in den reformatorischen Mainstream zurückkehrten. Nach 1542 bis zu seinem Tod war er als calvinistischer Theologe in Ostpreußen, Norddeutschland und der Schweiz unterwegs. Er starb als Pfarrer im friesischen Dykhausen.

»der mit dem Schwert Gideons«[5] unterschrieb und der mit diesem Anspruch die Bauern in die Schlacht von Frankenhausen führte.

Luthers Position ist bekannt. Sie lässt sich auf den Grundsatz des »sola scriptura« bringen, der bei ihm als Begriff erstmals in seiner *Assertio*, der Verteidigungsschrift gegen die Bannandrohungsbulle Leos X. 1520 aufgetaucht war. Hier heißt es, dass die Schrift allein herrsche – *solam scripturam regnare*. Damit wird das »Schriftprinzip« nicht etwa formuliert, sondern aufgenommen, denn es war auch im Mittelalter nicht unbekannt und hatte in der *Devotio moderna* ab dem ausgehenden 14. Jahrhundert besonderes Gewicht erhalten: Die Bibel ist die alleinige und verbindliche Richtschnur des Glaubens. 1525 schreibt er in *Wider die himmlischen Propheten*: »*Denn er* [Gott] *will niemand den Geist noch Glauben geben ohne das äußerliche Wort und Zeichen, so er dazu eingesetzt hat, wie er Luce am 16. spricht: ›Lass sie Mose und die Propheten hören‹.*«[6] Er betont zwar die Notwendigkeit des Heiligen Geistes zum rechten Verständnis der Schrift, jedoch ist der Geist an das Wort und die äußerliche Ordnung der Sakramente gebunden. Auf dieser Basis kritisiert er die, die behaupten, direkt durch Gottes Geist inspiriert zu sein, ohne Rückbindung an die Schrift. Er nennt sie »Schwärmer«, Leute, die den Geist haben wollen, ohne das Wort. *Wider die himmlischen Propheten* richtete sich vornehmlich gegen Karlstadt aber auch gegen die Zwickauer Propheten und den Allstedtischen Geist. Deren subjektive geistliche Eingebungen als letztgültige theologische Erkenntnis lehnte er ab.

Für Luther war die Schrift in einer sehr komplexen Weise klar und genügsam, indem alle einzelnen Stellen der Bibel untereinander und zusammen ein Ganzes bilden und die Schrift sich so selbst auslegt – *scriptura sui ipsius interpres*. Dieser Ansatz schloss jedoch keineswegs die Wirksamkeit des Heiligen Geistes aus. Vielmehr wirkt der Geist durch die Schrift, indem er den Gläubigen zum rechten Verständnis führt. Das externe Zeugnis der Schrift korreliert mit dem internen Zeugnis des Heiligen Geistes. Der Geist ist also an das Wort gebunden. Jede behauptete geistliche Erfahrung, die sich von der Schrift löst, ist von daher verdächtig und gefährlich.

Das externe Zeugnis der Schrift korreliert mit dem internen Zeugnis des Heiligen Geistes.

[5] So in seinen Briefen an die Grafen Albrecht von Mansfeld vom Freitag nach Jubilate (28. April) 1525 und Ernst von Mansfeld vom 12. Mai 1525. Im Titel der *Ausgedrückten Entblößung* von 1524 signiert er sich in Anspielung auf Jer 23,29: Ist mein Wort nicht wie ein Feuer, spricht der HERR und wie ein Hammer, der Felsen zerschmeißt? als »Thomas Muntzer mit dem hammer«. Unstrittig prallten in dem Konflikt zwischen Luther und Müntzer zwei prophetische Ansprüche aufeinander.

[6] Denn er [Gott] will niemant den geyst noch glauben geben on das eusserliche wort und zeychen, so er dazu eyngesetzt hat, wie er Luce am 16. Spricht: ›Las sie Mosen und die Propheten hören‹. Martin Luther: Wider die himmlischen Propheten, von den Bildern und Sakrament, WA 18, 136,17–19.

Foto: Rolf Gerlach

Im Gegensatz zu Luther sah Müntzer die Bibel nicht als einzig gültige Autorität, sondern als Zeugnis früherer geistlicher Offenbarungen und Erfahrungen. In diesem Sinne war die Schrift zwar hilfreich, aber nicht ausreichend. Zentral war ihm die unmittelbare Offenbarung Gottes im Innern des Menschen. Der wahre Glaube könne nur durch das direkte Wirken des Heiligen Geistes entstehen, nicht allein durch das Lesen oder Hören der Schrift. Für ihn war der Geist nicht an die Buchstaben der Schrift gebunden. Vielmehr war die Schrift tot ohne die lebendige Wirkung des Geistes. Diese Erfahrung ist ihm ein aktualer, gegenwärtiger Vorgang, der den Menschen transformiert und ihm wahre Erkenntnis bringt. Die lebendige Erfahrung Gottes durch den Heiligen Geist steht im Zentrum. Das belegt er mit biblischen Beispielen, die die direkte Kommunikation Gottes bzw. die Überzeugung von deren Realität belegen, wie die Warnung Jeremias vor der Babylonischen Gefangenschaft, Jer 20,4–6, Paulus in 1 Thess 5,20: Ihr sollt die Weissagung nicht verachten, oder den Traumvisionen des Petrus in Apg 10,10–16 und des Paulus in Apg 16,10.[7] Die Korrelation von externem Zeugnis der Schrift und internem Zeugnis des Heiligen Geistes ist bei Müntzer aufgehoben zugunsten des letzteren[8].

Müntzers Geist-Theologie war zutiefst existentiell und sie war apokalyptisch geprägt. Er sah sich selbst als Werkzeug Gottes – eben als Gideon mit dem Schwert – im Kampf gegen das »fleischliche« Christentum, das sich für ihn in Luther und der Wittenberger Bewegung manifestierte. War Luthers Ansatz der *Devotio moderna* verbunden, so der Müntzers der mystischen Tradition, die innere Erfahrungen über äußere Autoritäten stellte.

Die Differenz zwischen Luther und Müntzer war – leider – ein nicht bloß akademisch-theologischer Streit.

Die Differenz zwischen Luther und Müntzer war – leider – ein nicht bloß akademisch-theologischer Streit. Sie zog tiefgreifende praktische und theologische Implikationen nach sich. Müntzers Betonung des Geistes öffnete den Weg für eine revolutionäre Theologie, die mit den bestehenden sozialen und politischen Verhältnissen radikal brechen wollte. Der Geist konnte nach seinem Verständnis jeden Gläubigen – auch Bauern oder Ungebildete – zum Propheten machen. Luther hatte einen ähnlichen Gedanken selbst einmal aufgebracht in seiner Schrift *An den christlichen Adel deutscher Nation von des christlichen Stande Besserung.* Bei ihm hieß das: allgemeines Priestertum aller Gläubigen. Da war es die Taufe, die einen jeden dazu befähigte. Es war der einzig revolutionäre Gedanke, den er je formuliert hat, aber gerade die Konflikte mit Müntzer und den Schwärmern brachten ihn dazu, diesen Gedanken einzufangen und in das zu überführen, was man die Wittenberger Ordo-Theologie nennen kann. Luther sah in der Loslösung des Geistes von der Schrift die Gefahr subjektiver Willkür und religiöser wie gesellschaftlicher Anarchie. Müntzer hatte ihm und den von ihm als Falschpropheten, nach Müntzers Lesart, aufgehetzten Fürsten in seiner *Hochverusachte(n) Schutzrede* vom Oktober 1524 das Urteil Gottes angedroht. Luther hatte

---

[7] Vgl. Thomas Müntzer: Auslegung des zweiten Kapitels Daniels, 1523, in: Thomas-Müntzer-Ausgabe, Bd. 1: Schriften, Manuskripte und Notizen, hrsg. Manfred Rudersdorf et al., Leipzig 2017, 306–313.

[8] Dazu jetzt ausführlich Johannes Elberskirch: Schrift und Geist bei Thomas Müntzer: eine systematische Analyse im Kontext der scholastischen Theologie seiner Zeit, Diss. theol. Münster 2023, Tübingen 2025.

sich schon Ende Juli, nach Müntzers Allstedter Fürstenpredigt in seinem *Brief an die Fürsten zu Sachsen von dem aufrührischen Geist* positioniert: »*Und sie selbst wollen auch gerühmt sein, dass sie unsers Teils nicht sind, nichts von uns gelernt noch empfangen haben, sondern vom Himmel kommen sie und hören Gott selbst mit ihnen reden wie mit den Engeln und es ist ein schlecht Ding, dass man zu Wittenberg den Glauben und die Liebe und das Kreuz Christi lehrt. ›Gottes Stimme (sagen sie) musst du selbst hören und Gottes Werk in dir leiden und fu˚hlen wie schwer dein Pfund ist. Es ist nichts mit der Schrift, ja Bibel Bubel Babel‹ etc.*«[9] Der Geist, der nicht durch die Schrift geprüft werde, könne ebenso leicht ein falscher Geist sein. Das waren seine und Melanchthons persönlichen Erfahrungen mit den Zwickauer Propheten, auf die hier sichtlich mit angespielt wird.

Das gibt Melanchthons Schüler, Freund und erster Biograph Joachim Camerarius 1560 in seiner Melanchthon-Biographie wieder: »*Dieser Storch gab vor, der Schrift völlig unkundig zu sein; vielleicht war er es auch tatsächlich, wobei er sich brüstete, dass ihm das heilbringende Wissen durch göttliche Eingebung zu teil werde. Dennoch bemühten sie sich darum, dass sich in ihren Reihen auch einige wissenschaftlich Gebildete befanden. Doch auch diese selbst betonten immer wieder, dass sie keine Menschen als Magister oder Doktoren gehabt hätten oder hätten, sondern dass ihnen all ihr Wissen von Gott eingegeben werde. Unter diesen ragte einer mit Namen Marcus besonders heraus, der sich rühmte, ihm sei von Gott dieses als außerordentliche Begabung zuteilgeworden, dass er sich durch die Auslegung und Erklärung von Schriften der heiligen Wissenschaft auszeichne. Dieser, [...], war einmal ein Schüler der Schule von Wittenberg gewesen. Aber er hatte, sei es vorher, sei es, nachdem er zu jener Verbindung gelangt war, seine Studien aufgegeben. Denn auch dies stand in ihren Gesetzen: dass sich keiner in seiner Freizeit mit Wissenschaften beschäftigen solle und dass er von nirgendwo anders her als von der Güte des ewigen Gottes, die ihrerseits keine menschliche Hilfe benötige, die Möglichkeit zu Wissen und Erkenntnis suchen solle. Denn warum wolle schließlich jemand Gott anbeten und verehren, wenn er nicht der Wohltat, welche den Vätern und heiligen Männern in einem früheren Jahrhundert gegeben worden sei, für würdig befunden werde?*«[10]

---

9 Und sie auch selbs wöllen gerhûmet seyn, das sie unsers teyls nicht sind, nichts von uns gelert noch empfangen haben, Sondern vom hymel komen sie und hören Gott selbst mit yhn reden wie mit den engeln, und ist eyn schlecht ding, das man zu Wittenberg den glauben und liebe und creutz Christi leret. ›Gottes stym (sagen sie) mustu selbst hören und Gottes werck ynn dyr leyden und fûlen wie schwer deyn pfund ist, Es ist nichts mit der schrifft, Ja Bibel Bubel Babel‹ etc. WA 15, 211,23–29.

10 Joachim Camerarius: Das Leben Philipp Melanchthons, übersetzt von Volker Werner (Schriften der Stiftung Luthergedenkstätten in Sachsen-Anhalt 12), Leipzig 2010, 66.

Der täuferische Ansatz der Zwickauer ließ sie darüber hinaus zum ordnungspolitischen Problem sowohl für die Altgläubigen als auch für die Wittenberger werden.

Der täuferische Ansatz der Zwickauer ließ sie darüber hinaus zum ordnungspolitischen Problem sowohl für die Altgläubigen als auch für die Wittenberger werden. Wer seine Kinder nicht taufen lässt, entzieht sie dem *Corpus Christianorum* und damit der Anwartschaft auf das ewige Heil. Und wer DAS wagt, der wird sich potentiell auch nicht in das Gefüge der weltlichen Gemeinschaft, des Staats einfügen[11]. Bestätigt wurde das fünf Jahre später, 1527, durch die *Schleitheimer Artikel*, dem ersten Versuch, ein Konsensdokument der täuferischen Bewegung zu schaffen. Mit ihren zentralen Forderungen nach Glaubenstaufe, absoluter Gemeindezucht (Bann) und Heiligung, Absonderung von der Gesellschaft (Greuel der Welt), Berufung des Pastors (Hirten) durch die Gemeinde, Gewaltlosigkeit und der Verweigerung der Eidesleistung verliehen sie den Täufergemeinden einen ähnlichen gesamtgesellschaftlich-isolierten Charakter, wie ihn die frühchristlichen Gemeinden besessen hatten. Nur dass der Kardinaldissens nicht mehr lautete: Verweigerung des Kaiserkults, sondern Verweigerung der Kindertaufe. Die Folgen waren die gleichen, nämlich blutige reichsrechtlich sanktionierte Verfolgungen. Diese Struktur war es auch, die den inneren Grund der protestantischen Beihilfe zur Täuferverfolgung bildete. In ihr mischen sich die Vorwürfe der Ketzerei, vor allem festgemacht am Thema der Taufe, und des Aufruhrs, also einer doppelten Empörung sowohl gegen die geistliche als auch gegen die weltliche Ordnung. Da es bis zur Katastrophe von Frankenhausen 1525 signifikante Schnittmengen zwischen den theologischen Anschauungen der Täufer und denen Müntzers gab, bestätigten sich die Vorwürfe quasi in der Praxis. So hatte sich Müntzer 1524 in seiner *Protestation oder Erbietung seine Lehre betreffend und zum Anfang von dem rechten Christengklauben und der Taufe* äußerst kritisch zur Kindertaufe geäußert. Sie sei weder von Christus noch den Aposteln gefordert, sondern durch ihre Entkoppelung vom Katechumenat sei die Taufe als Kindertaufe zu einer veräußerlichten Zeremonie geworden, die

---

[11] Lyndal Roper verweist im Zusammenhang mit der Infragestellung der Kindertaufe 1524 durch den gerade in diesem Jahr zur Täuferbewegung übergegangenen Balthasar Hubmaier (um 1485–1528) ebenfalls auf diese Folge: »Christus habe zur Taufe von Gläubigen aufgerufen, nicht zur Taufe von Säuglingen. Die Angelegenheit war hochbrisant, denn durch die allseits praktizierte Kindstaufe gehörte jeder der Kirche an, würden jedoch nur Gläubige getauft werden, wäre lediglich eine fromme Minderheit Mitglied der Kirche. Eine solche Doktrin hätte zur Folge, dass die Kirchengemeinde und die säkulare Gemeinde nicht mehr identisch wären, die Kirche nicht jeden einschlösse.« (Lyndal Roper: Für die Freiheit. Der Bauernkrieg 1525, Frankfurt / M. 2024, 147). Damit wären wieder analoge Verhältnisse zur vorkonstantinischen Ära eingetreten. Obwohl in den Quellen das Argument eines Auseinanderfallens von Kirchgemeinde und säkularer Gemeinde nicht explizit auftaucht – es war letztlich auch kein theologisches Argument – schwingt es unausgesprochen immer mit. Es ist das eigentliche Scharnier zwischen den beiden Anschuldigungen der Ketzerei und des Aufruhrs hinsichtlich der täuferischen Glaubens- und Lebenspraxis.

er als »*viehisches affenspiel*«[12] bezeichnet. Letztlich spiegelt diese Auseinandersetzung die Spannungen zwischen Ordnung und Freiheit, Autorität und Inspiration, System und Charisma wider.

Letztlich spiegelt diese Auseinandersetzung die Spannungen zwischen Ordnung und Freiheit, Autorität und Inspiration, System und Charisma wider.

Die von den Ereignissen der Jahre zwischen 1522 und 1525 beschädigte Wittenberger Theologie, denn von altgläubiger Seite wurde ihr vorgeworfen, sie habe die Geister von Zwickau und Allstedt erst entfesselt – und später auch das Täuferreich von Münster war ein Kind der Reformation – tat in ihrer orthodoxen Ausprägung der folgenden 200 Jahre alles, um den Alleinstellungsanspruch der Bibel in Sachen der Offenbarung zu zementieren. Dreh- und Angelpunkt ist hier die bekannte Formulierung der *Konkordienformel* von 1577: »*Wir glauben, lehren und bekennen, daß die einige Regel und Richtschnur, nach welcher zugleich alle Lehren und Lehrer gerichtet und geurteilet werden sollen, seind allein die prophetischen und apostolischen Schriften Altes und Neues Testamentes, wie geschrieben stehet: Dein Wort ist meines Fußes Leuchte und ein Licht auf meinem Wege, Psal. 119. Und S. Paulus: Wann ein Engel vom Himmel käme und predigte anders, der soll verflucht sein.*«[13] In allen Feinheiten ausgearbeitet wurde dieses Statement von Johann Gerhard (1582–1637) im ersten Band seiner *Loci communes* von 1610 und noch einmal separat herausgegeben 1625 in der Abhandlung *Exegesis sive uberior explicatio articulorum de Scriptura Sacra, de Deo et de persona Christi*. In Gerhards Dictum sind es die vier Zierden oder Herrlichkeiten, αὐχήματα, der Schrift, bei Abraham Calov (1612–1686) dann 1655 die vornehmsten Eigenschaften, *Affectiones Scripturae primariae*[14], die sich in der lutherischen Dogmatik letztendlich in die vier klassischen Notae verdichten:

Autoritas:	Die Wahrheit der Bibel ist kraft ihrer eigenen Aussagen evident.
Sufficientia:	Vollständigkeit, die keiner ergänzenden Instanz bedarf.
Perspicuitas:	Verständlichkeit (vor allem in Bezug auf den Menschen und sein Dasein vor Gott in der Welt).
Efficacia:	Sie ermöglicht und bewirkt es, dass der Mensch seine Rettung ergreifen kann oder eben verfehlt.

---

[12] Thomas Müntzer: Schriften, Manuskripte und Notizen (Thomas-Müntzer-Kritische Gesamtausgabe, Bd. 1), hrsg. v. Helmar Junghans u. Armin Kohnle, Leipzig 2017, 272; der gesamte Ductus seiner Kritik an der Taufe, 272 f.

[13] BSELK, Göttingen 1982, 767.

[14] Johann Gerhard: Exegesis sive uberior explicatio articulorum de Scriptura Sacra, de Deo et de persona Christi, Jena 1525, 52–73, VD17 3-669301C; in klarer Frontstellung gegen die in Gerhards Blickwinkel römisch-katholische Vorordnung des Lehramts vor die Autorität der Schrift. Abraham Calov: Systema locorum theologicorum, 12 Bde. 1655–1677, hier Bd. 1, Wittenberg 1655, 458–491, VD17 3:007024F.

Bei diesem Bekenntnisstand waren und sind zusätzliche außerbiblische Offenbarungen ausgeschlossen. Man war weitgehend am Kontrapunkt zu Müntzer angelangt: Die Korrelation von externem Zeugnis der Schrift und internem Zeugnis des Heiligen Geistes hatte sich einseitig verschoben zugunsten des ersteren.

Trotz der Präferierung der Schrift blieb dem Luthertum eine mystisch-spiritualistische Unterströmung erhalten, repräsentiert in Personen wie dem Zschopauer Pfarrer Valentin Weigel (1533–1588), insbesondere aber Jakob Böhme (1575–1624), der die Erkenntnis Gottes mit dem Geist der Bibel überordnete[15]. Über Johann Arndts Mystik-Rezeption in den *Vier Büchern vom wahren Christentum* (1610) und im *Paradies-Gärtlein* (1612) kanalisierte sich mystisches Gedankengut auch in den Pietismus und machte diesem zu schaffen. Ebenso wie die Unmittelbarkeit von Geist-Erlebnissen, wenn man an die Ereignisse um die begeisterten Mägde im mitteldeutschen und dann insbesondere Halleschen Pietismus denkt.[16] Und es machte ihn gerade in seinen radikalen charismatisch-separatistischen Formen verdächtig. Nicht zufällig wurden seine Vertreter wieder mit dem Prädikat der Schwärmer belegt.

Auch bei Calvin gibt es den wechselseitigen Zusammenhang von Geist und Schrift.

Die Reformierten gingen mit der Entwicklung im Luthertum d'accord. Auch bei Calvin gibt es den wechselseitigen Zusammenhang von Geist und Schrift. Das *Testimonium Spiritus Sancti* – das innere Zeugnis des Heiligen Geistes bestätigt die Schriftwahrheit. In der Abwehr der Behauptung, Religion sei Menschenwerk und niemand könne beweisen, dass Mose und die Propheten in Gottes Auftrag geredet hätten, hält er fest: »*Ich aber entgegne: das Zeugnis des Heiligen Geistes ist besser als alle Beweise. Denn wie Gott selbst in seinem Wort der einzige vollgültige Zeuge von sich sel-*

[15] Böhmes *Aurora oder Morgenröthe im Aufgang/ das ist: Die Wurtzel oder Mutter der Philosophiae, Astrologiae und Theologiae aus rechtem Grunde*, Görlitz 1612, kommt im Grundsatz ohne die Erwähnung der Bibel aus, die einer mystischen Betrachtung natürlicher und geistiger Sphären weichen muss, wenn er sein erstes Kapitel folgendermaßen einleitet: »WJwol Fleisch und Blut das Göttliche Wesen nicht ergreifen kan, sondern der Geist, wenn er von GOtt erleuchtet und angezündet wird: So man aber will von GOtt reden, was GOtt sey, so muß man fleißig erwegen die Kräfte in der Natur; darzu die gantze Schöpfung, Himmel und Erden, sowol Sternen und Elementen und die Creaturen, so aus denselben sind herkommen, sowol auch die heiligen Engel, Teufel und Menschen, auch Himmel und Hölle.« Zitiert nach der Neuausgabe: AVRORA, oder Morgenröthe im Aufgang, o. O. 1730, 24, in: Jacob Böhme Sämtliche Schriften, neu hrsg. v. Will-Erich Peuckert, Faksimile-Neudruck der Ausgabe von 1730, erster Band, Stuttgart-Bad Cannstatt 1986.
Böhme, wie auch Weigel, hatten die Paracelsische von der Naturphilosophie dominierte Theologie rezipiert mit ihrem Ansatz, Gott werde primär in den Werken der Natur, also seiner Schöpfung erkannt.

[16] Vgl. Ryoko Mori: Begeisterung und Ernüchterung in christlicher Vollkommenheit. Pietistische Selbst- und Weltwahrnehmungen im ausgehenden 17. Jahrhundert (Hallesche Forschungen, Bd. 14), Tübingen 2004, Kapitel III und IV.

ber ist, so wird auch dies Wort nicht eher im Menschenherzen Glauben finden, als bis es vom inneren Zeugnis des Heiligen Geistes versiegelt worden ist. Denn derselbe Geist, der durch den Mund der Propheten gesprochen hat, der muß in unser Herz dringen, um uns die Gewißheit zu schenken, daß sie treulich verkündet haben, was ihnen von Gott aufgetragen war.«[17] Calvin belegt das mit Jes 59,21: »Mein Geist, der in dir ist, und die Worte, die ich in deinen Mund gelegt habe, sollen von deinem Mund nicht weichen, noch von dem Munde deines Samens [...] von nun an bis in Ewigkeit.«[18]

Und auch die reformierte Theologie setzte solche Stoppzeichen wie die lutherische Seite. So heißt es in der *Confessio Helvetica Posterior* (Zweites Helvetisches Bekenntnis) von 1562 im Kapitel 1 »Von der Heiligen Schrift, dem wahren Wort Gottes«: »*Wir glauben und bekennen, dass die kanonischen Schriften der heiligen Propheten und Apostel sowohl des Alten als auch des Neuen Testaments das wahre Wort Gottes sind und dass sie hinreichend lehren alles, was den rechten Glauben und einen gottgefälligen Lebenswandel betrifft.«*[19]

Im Streit zwischen Luther und Müntzer war die Apokalypse am 15. Mai 1525 in Frankenhausen und den Folgeereignissen anders als gedacht eingetreten. Aber mit dem Scheitern des sozial-religiös revolutionärem Impetus von 1524/25 war die Frage nach dem Verhältnis von Unmittelbarkeit der Gotteserfahrung durch die Anrede in seinem Geist und dem geschriebenen als Heilige Schrift fixiertem Wort nicht untergegangen. Wirkt der Geist durch die Schrift oder wirkt die Schrift durch den Geist?

Außerhalb der spiritualistischen Unterströmungen in den zur Staatskirchlichkeit gelangten protestantischen Konfessionen transportierte diese Frage nicht zuletzt das Täufertum weiter. Über den Buchhändler Hans Hut (ca. 1490–1527), der der Schlacht von Frankenhausen lebend entronnen war und den humanistisch gebildeten Baccalar und Lehrer Hans Denck (ca. 1500–1527), der wiederum Hans Hut Pfingsten 1526 in Augsburg getauft hatte, gibt es eine direkte theologische Traditionslinie von Müntzer her. Hans Denck warnt vor oberflächlicher Wortgläubigkeit. Die Bibel ist äußeres Zeugnis, dessen Sinn erst durch die innere Offenbarung Gottes im Menschen entfaltbar wird. Es geht ihm um

---

17 Johannes Calvin: Unterricht in der christlichen Religion Institutio Religionis Christianae, Nach der letzten Ausgabe übersetzt und bearbeitet von Otto Weber, Bd. 1, I,4, Neukirchen 1936, 47 f.

18 Ebd., 48.

19 De scriptura sancte, vero Dei verbo; »Credimus et confitemur scripturas Canonicas sanctorum Prophetarum et Apostolorum utriusque Testamenti, ipsum verum esse verbum Dei: et authoritatem sufficientem ex semetipsis non ex hominibus habere.« Confessio Helvetica posterior von 1562, in: Die Bekenntnisschriften der reformierten Kirche, hrsg. v. E. F. Karl Müller, Leipzig 1903, 170–221, hier 170.

die inneren Quelle als die Wahrheit in mir, um das Wort im Herzen. Er betont, man könne durchaus auch ohne Bibel und ohne Predigt die Seligkeit erlangen, sofern man die innere Offenbarung empfängt[20].

Andere bekannte Namen sind David Joris (1501–1556), Melchior Hoffmann (ca. 1495–1543), Menno Simons (1496–1561). Zu nennen wäre auch noch Sebastian Franck (1499–1542), selbst wenn er nicht zu den Täufern gehörte. Bei aller Differenzierung, für die sie wiederum stehen, eint sie alle die Überzeugung, dass in der Gemeindepraxis die innere Erfahrung Gottes, das innere Zeugnis des Heiligen Geistes, die innere Offenbarung dem äußeren geschriebenen Wort vorangehen. Den radikalsten Ansatz bildete zweifellos Christian Entfelder († nach 1546) aus, der in den 1520er-Jahren als Prediger unter den mährischen Täufergemeinden gewirkt hatte, diese aber um 1530 verließ, weil er selbst ihnen vorwarf, sie seien auf den »toten Buchstaben« der Bibel ausgerichtet und nicht auf das »lebendige Wort«.[21] Die Katholiken, Lutheraner und Reformierten sowieso – alle zusammen waren sie

[20] DJe heilige geschrift halt ich vber alle menschliche schätze/ aber nitt so hoch als das wort Gottes/ das da lebendig/ krefftig vnnd ewig ist/ welches aller elementen diser welt ledig vnnd frei ist/ dann so es Gott selbst ist/ so ist es geyst/ vnnd keyn buchstab/ on fedder vnnd papir geschriben/ das es nimmer außgetilgt werden mag. Darumb auch die seligkeyt an die geschrifft nit gebunden ist/ wie nutz vnnd gůt sie immmermehr darzů sein mag. Vrsach: Es ist der geschrifft nit möglich eyn böß hertz zu besseren/ ob es schon gelerter wirt. Eyn from(m)es hertz aber/ das ist/ do eyn rechter funck götlichs eifers ist/ wirt durch alle ding gebessert.« H. Dencken Wid[e]ruff. Uff die zehen artikel, Worms [Peter Schöffer d. J.] 1528, unpag. [4], VD16 D 573.

[21] »Das schrifftlich aber und bůchstabisch wort, ist tod, durchdringt nitt anders weder im schein, schaidet in der warhait nichts, hat nit verharrliche krafft, inn der nott zergeht es wie der nebel on wasser. Alle, die sich (on krafft des gaistes) darauff gründen, seind hartneckig wie die flaischlichen Juden inn irem verstand, sehen weder auff ursach, zeyt, zyl, maß, umbstend noch gegensätz, sonder schreyen templum domini, templum domini [Jer 7,4]. Da ist geschrifft, da ists wort Gottes. Es můß inen alles hell klar sein, wie dunckel ir verstand daneben ist, soll nicht gelten. Darumb mag auch kain lebendiger glaub auß disem todten wort kommen, dann flaisch und blůt kann den nit geben, sonder ain zweyfelhaffter, der nain und ja in im hat [2Kor 1,17], ja in dem bibelbůch, und nain im hertzen. [...] Spricht aber ainer. Ist dann das lebendig und schrifftlich wort so widerwärtig aneinander, was můß ich dann für ain stimm hören zum lebendigen wort. Hats ain andere mainung in meinen oren weder ich im schriftlichen vernimb, so můß nåmlich das schrifftlich falsch sein. Hats aber kain andern syn, so ist mir ye das schrifftlich genůg zu hören etc. Antwurt. Das schriftlich můß dem lebendigen zeügen, wie kann es im dann wider sein, es ist ain knecht und diener. Das lebendig aber ist frey, dienet dem schriftlichen nit anders, dann denen zulieb, leer [Lehre] und trost, die das leben in inen haben, es ist der HERRE [Joh 1,1], ist also das lebendig nit wider das schriftlich an im selbst, sonder wider den bösen verstand. Das geschicht, so es auß seinem dienstampt in das regierend tretten will, unnd der menschlich verstand durch durch das schrifftlich on des lebendigen worts bewegung, götlicher håndel understeht.« Christian Entfelder: Von den mannigfaltigen Zerspaltungen im Glauben, die in diesen Jahren entstanden sind, Augsburg [Philipp Uhlhart], 1530, in: Flugschriften vom Bauernkrieg zum Täuferreich (1526–1535), hrsg. v. Adolf Laube, Bd. 2, Berlin 1992, 934–983, hier 940.

ihm babylonische Turmbauer[22]. Maßgebliche Instanz war ihm die innere Stimme, das innere lebendige Wort als Präsenz Gottes im Inneren des Menschen. Die Heilige Schrift hat die Funktion, den Leser zu diesem inneren Wort hinzuführen. Damit bekannte er sich zu einer rein geistigen Frömmigkeit jenseits aller Dogmen und Grundsätzen von Glaubensgemeinschaften.

Maßgebliche Instanz war ihm die innere Stimme, das innere lebendige Wort als Präsenz Gottes im Inneren des Menschen.

Die Theologie der Täufer und gerade ihrer radikalen Weiterdenker, wie die Entfelders, bedingte immer eine größtmögliche Staatsferne, weil sie eben auch immer das Auseinanderfallen des *Corpus Christianorum* intendierte. Als der aus Tirol stammende, in Straßburg wirkende Täuferprediger Pilgram Marpeck (um 1495–1556) am 9. Dezember 1531 ebendort mit dem Reformator der Stadt, Martin Bucer, disputierte, merkte dieser an, er habe den Rat der Stadt nur deshalb angerufen, um Zwiespalt in der Stadt zu verhüten. Darauf antwortete Marpeck: »*Wer den Schutz oder Schirm der Kreatur sucht, der sei verflucht!*«[23]

Aber auch von der anderen Seite her, den philosophischen Kritikern orthodoxer Konfessionalität mit der beginnenden Aufklärung, war das Wirken des Geistes offensichtlich ein entscheidendes Kriterium für die Authentizität des christlichen Glaubens. Der profilierteste Text in dieser Richtung stammt aus der Feder Gotthold Ephraim Lessings, der wiederum Sprössling eines zutiefst lutherisch-orthodoxen Elternhauses war. Sowohl sein Großvater mütterlicherseits als auch sein Vater waren Pfarrer in seinem Geburtsort Kamenz. Lessing konstatiert 1777 in seiner Abhandlung *Vom Erweis des Geistes und der Kraft,* dass dem christlichen Glauben der Geist abhanden gekommen sei. Er macht das vordergründig an den Themen Prophetie und Wunder fest:

> *»[…] wenn ich noch jetzt erlebe, daß Christum oder die christliche Religion betreffende Weissagungen, von deren Priorität ich längst gewiß gewesen, auf die unstreitigste Art in Erfüllung gingen; wenn noch jetzt von gläubigen Christen Wunder getan würden, die ich für echte Wunder erkennen müßte: was könnte*

[22] »Auß disem aller im glauben zerspaltungen grundt (des schrifftlichen worts, historischen bevelchs, und creaturischen stimmen) endsteht nun des turen Babel gebewe, an wellichen, wiewol die gantze welt bawet, doch undter uns namenchristen vier fürnemliche secten sich auffs höchste bemůhen, und wie die vier wind Danielis auff dem grossen meer dieser ungestiemen welt mit ainander kempffen.« Ebd., 943.

[23] Welcher schutz oder schirm der creatur sucht, der sey verflucht! Quellen zur Geschichte der Täufer, VII. Band: Elsass I. Teil Stadt Straßburg 1522–1532, hrsg. v. Manfred Krebs / Hans Georg Rott (Quellen und Forschungen zur Reformationsgeschichte, Bd. 26), Gütersloh 1959, Nr. 277, 353,15 f. Bucer reagierte darauf mit Verweis auf Röm 13,4. Zum Gesamtkontext vgl. Stephen Boyd: Pilgrim Marpeck his life and social theology (Veröffentlichungen des Instituts für Europäische Geschichte Mainz, Abt. Religionsgeschichte 147), Mainz 1992, 63–67.

mich abhalten, mich diesem Beweise des Geistes und der Kraft, wie ihn der Apostel nennet, zu fügen?
In dem letztern Falle war noch Origenes, der sehr Recht hatte, zu sagen, daß die christliche Religion an diesem Beweise des Geistes und der Kraft einen eigenen göttlicheren Beweis habe als alle griechische Dialektik gewähren könne. Denn noch war zu seiner Zeit die Kraft wunderbare Dinge zu tun, von denen nicht gewichen, die nach Christi Vorschrift lebten, und wenn er ungezweifelte Beispiele hiervon hatte, so mußte er notwendig, wenn er nicht seine eigenen Sinne verleugnen wollte, jenen Beweis des Geistes und der Kraft anerkennen.
Aber ich, der ich auch nicht einmal mehr in dem Falle des Origenes bin, der ich in dem 18ten Jahrhunderte lebe, in welchem es keine Wunder mehr gibt; wenn ich anstehe, noch jetzt, auf den Beweis des Geistes und der Kraft etwas zu glauben, was ich auf andre meiner Zeit angemessenere Beweise glauben kann; woran liegt es?
Daran liegt es, daß dieser Beweis des Geistes und der Kraft jetzt weder Geist noch Kraft mehr hat, sondern zu menschlichen Zeugnissen von Geist und Kraft herabgesunken ist.«

Damit ist die Korrelation von externem Zeugnis der Schrift und internem Zeugnis des Heiligen Geistes zusammengebrochen und das bezieht er auch auf das Zeugnis der Schrift:

»Man sagt freilich: aber eben der Christus, von dem du historisch gelten lassen mußt, daß er Tote erweckte, daß er selbst vom Tode erstanden, hat es selbst gesagt, daß Gott einen Sohn gleichen Wesens habe und daß er dieser Sohn sei.
Das wäre ganz gut! Wenn nur nicht, daß es Christus gesagt, gleichfalls nicht mehr als historisch gewiß wäre.
Wollte man mich noch weiter verfolgen und sagen: »O doch! Das ist mehr als historisch gewiß; denn inspirierte Geschichtschreiber versichern es, die nicht irren können: So ist auch das leider nur historisch gewiß; daß diese Geschichtschreiber inspiriert waren und nicht irren konnten.
Das, das ist der garstige breite Graben, über den ich nicht kommen kann, so oft und ernstlich ich auch den Sprung versucht habe. Kann mir jemand hinüberhelfen, der tu'es; ich bitte ihn, ich beschwöre ihn. Er verdiente einen Gotteslohn an mir.«

Die Neologie – die Theologie der Aufklärung, die dem Denken Lessings und Reimarus' Rechnung tragen wollte, ließ in ihrem Rationalismus nicht nur jegliche Perspektive auf ein unmittelbares Wirken Gottes im Zusammenhang mit der Schrift fahren, sondern praktisch auch die Schrift selbst. Das Ergebnis vermittelt folgendes Zitat aus der Denkschrift des Schneeberger Stadtrichters an die Zwickauer Superintendentur zur Neubesetzung des Schneeberger Oberpfarramts kurz nach der Wende zum 19. Jahrhundert:

> *»Der Himmel gebe uns wieder einen Prediger, wie er sein soll, wie sie aber heutzutage leider meistenteils nicht sind. Man hört in ihren philosophischen Vorträgen keinen Gedanken, der uns erinnern könnte, daß es noch eine Bibel in der Welt gibt, etwa den Text ausgenommen, den aber die neumodischen Herren meistens sogleich wieder verlassen, so wie sie ihn ausgelesen haben, und dann folgt eine moralphilosophische, psychologische Darstellung irgendeines gewählten Stoffes, daß man mit Recht behaupten kann: je gelehrter, je schlimmer. Die armen Zuhörer sitzen da und hören einen Mann in der Kirche allein sprechen, und Sachen sprechen, die weil sie auf ihr Fassungsvermögen gar nicht einwirken können, wie ein tosendes Geräusche vorübergehen. Ein Mühlenwehr könnte meines Erachtens noch mehr Erbauung hervorbringen als solche Predigten!«*[24]

»Der Himmel gebe uns wieder einen Prediger, wie er sein soll, wie sie aber heutzutage leider meistenteils nicht sind […]«

In der Folge dieses Zusammenbruchs jeglicher Glaubensbotschaft kam es zu zwei Antworten. Die eine war die Erweckungsbewegung, eng verbunden mit der Begründung von Bibelgesellschaften seit eben jener Wende zum 19. Jahrhundert, explizit der *British and Foreign Bible Society* von 1804, die so etwas wie eine Initialzündung darstellte und der schon 1805 die *Preußische Bibelgesellschaft* in Berlin folgte. Zur DNA der Erweckungsbewegung gehörte die neuerliche Verbindung von Wort und Geist im Sinne der Korrelation von externem Zeugnis der Schrift und internem Zeugnis des Heiligen Geistes, ablesbar an der Sichtbarkeit des Glaubens im Alltagsleben seiner Träger. Damit war sie einerseits Erbin des Pietismus, andererseits überwand sie etwas, womit sich der Pietismus noch kaum hatte auseinandersetzen müssen, und das war Lessings garstig breiter Graben der historischen und persönlichen Empirie.

Die andere Antwort war die wissenschaftliche Analyse des Bibeltextes, die mit Ferdinand Christian Baurs Tübinger Schule seit 1826 zu ihrem akademischen Durchbruch kam und das Wort auf den Seziertisch der historisch-kritischen Methode legte. Der Autor dieses Aufsatzes ist selbst mit seinem Theologiestudium ein Kind dieser Methode und möchte nicht missverstanden werden. Sie ist sehr zu schätzen, denn sie eröffnet faszinierende Einblicke in die Entstehungskontexte der biblischen Bücher und

[24] Zitiert nach Franz Blanckmeister: Sächsischen Kirchengeschichte, Zweite vermehrte Auflage, Dresden 1906, 367.

sie regt zu Perspektivwechseln an. Um nur zwei Beispiele für die Perspektivwechsel zu nennen: Die 2022 emeritierte Grazer Professorin für Altes Testament Irmtraud Fischer zeigt in ihrem Buch *Gottesstreiterinnen. Biblische Erzählungen über die Anfänge Israels* (Stuttgart ³2006), das auf ihre Habilitationsschrift *Die Erzeltern Israels* zurückgeht, die Schlüsselrolle von Frauen in den Erzvätererzählungen, die sie deshalb Erzeltenerzählungen nennt. Und der nordamerikanische lutherische Neutestamentler Kenneth Ewing Bailey (1930–2016), der mit seinem Buch *Jesus Through Middle Eastern Eyes* (2008; deutsch: *Jesus war kein Europäer*, Witten 2018) die nicht wahrgenommene Perspektive christlich-arabischer Theologie auf Jesus in den Diskurs zu bringen versucht. Lessings garstig breiten Graben hat die historisch-kritische Methode allerdings nicht überwunden – eher im Gegenteil.

Dabei hat die Systematische Theologie durchaus Anstrengungen unternommen, dem internen Zeugnis des Heiligen Geistes Aufmerksamkeit zu widmen. So kann man zumindest Karl Barths Interpretation von Calvins These, dass Selbsterkenntnis und Gotteserkenntnis untrennbar zusammenhängen als wechselseitige Korrelation, in der der Mensch Gott schon in sich trägt, als internes Zeugnis des Geistes verstehen.[25] In der katholischen Theologie ist das die Funktion, die das Gewissen einnimmt. Es ist Sprache Gottes, göttliche Selbstmitteilung im Inneren. Der Ort, an dem der Mensch Gott begegnet.

Aber erst der Barth-Schüler Klaus Bockmühl (1931–1989) hat dem Thema des inneren Hörens auf Gott 1990 (posthum) mit dem Band *Leben mit dem Gott, der redet* eine eigene Monographie gewidmet. Er wirft der reformatorischen Theologie vor, die Führung durch den Geist diskreditiert zu haben: »*[...] die Reformatoren fürchteten [...] um die Einheit der Kirche und um die Integrität des christlichen Glaubens. Ihrer Ansicht nach könnte der Glaube ein Opfer individueller Launen und des Eigenwillens werden, wenn jeder Christ behaupten wollte, persönlich vom Heiligen Geist geleitet zu sein.*«[26] Das sei die »*Erklärung für die auffallende Zurückhaltung,*

---

[25] Calvins Fazit am Ende seines Eingangsabschnittes über Selbst- und Gotteserkenntnis lautet: »Gottes- und Selbsterkenntnis sind fest miteinander verknüpft. Aber die rechte Ordnung in der Lehre verlangt, dass wir zunächst (*priore loco*) die Gotteserkenntnis und dann (*postea*) die Selbsterkenntnis behandeln« (Inst I,1,3).
Barth interpretiert diese Einleitung der Institutio im Jahre 1922 zurecht so: »Überblicken wir nun, was Calvin gleich auf den ersten Seiten seiner *Institutio* von 1536 über Gott einerseits und den Menschen andererseits sagt, so fällt vor Allem Eines auf: er rückt Gott, soweit das möglich ist, sofort in das Licht einer vollen, genugsamen Erkenntnis vom Menschen aus, und er redet vom Menschen sofort so, dass man merkt: das ist der von Gott aus eingesehene und erkannte Mensch« Die Theologie Calvins, 1922, hrsg. v. Hans Scholl, Karl-Barth-Gesamtausgabe, Zürich 1933, 215.

[26] Klaus Bockmühl: Leben mit dem Gott, der redet, Gießen ²2002, 154.

ja Abweisung dieses Themas in den großen Kirchen der Reformation bis auf den heutigen Tag.«[27] Ein durch den Heiligen Geist Geführter unterstelle sich freiwillig der Bibel als Korrekturinstanz und Inspirationsquelle. Damit sind wir an dem Punkt, an dem das interne Zeugnis des Geistes den Vorrang, oder besser den Vorlauf, gegenüber dem externen Zeugnis der Schrift erhält und damit auch in der Gegenwart[28]. Nicht zufällig ist Bockmühl aus der universitären Theologie historisch-kritischer Tradition abgewandert in die evangelikale Theologie – zuletzt war er Professor für Systematische Theologie und Ethik am Regent College in Vancouver, einer evangelikal ausgerichteten Hochschule.

Ein durch den Heiligen Geist Geführter unterstelle sich freiwillig der Bibel als Korrekturinstanz und Inspirationsquelle.

Denn die dynamischen Erben der Geist-Präferenz der Täufer, Spiritualisten und teilweise auch der Pietisten sind nicht mehr die auch in die Jahre gekommenen Freikirchen klassischer Prägung wie die Baptisten und Methodisten, sondern neue evangelikale und vor allem charismatische Kirchen, die sich unter dem Begriff der Pfingstbewegung subsumieren lassen und ihre Wurzeln in großen Erweckungen am Beginn des 20. Jahrhunderts haben. Sie wurden zunächst nicht ernst genommen, sind aber inzwischen der einzige Zweig des Christentums der signifikant wächst. Derzeit machen ihre Mitglieder 25 Prozent aller Christen aus.[29] Damit entwickeln sie sich in vielen Ländern gegenläufig zu den großen verfassten Kirchen und mit ihnen kehren auch zwei weitere Präferenzen zurück, die Schreckgespenster der Reformation waren: die Mündigentaufe und die Staatsferne der christlichen Gemeinde. Die Freiburger Studie zur Entwicklung der Kirchenmitgliedschaft von 2019 prognostiziert für die EKD eine Halbierung der Mitgliederzahlen bis 2060 auf ca. 10 Millionen. Diese Studie geht noch von einer recht linearen Abnahme aufgrund der demografischen Entwicklung aus. Es könnte aber dramatischer kommen, umso exponentieller die Entwicklung verläuft. Dafür gibt es vor allem zwei Gründe. Zum einen: die pfingstlerischen Formen des gottesdienstlichen und gemeindlichen Lebens sind auf die Moderne abgestellt und sprechen junge Menschen eher an als traditionelle Formen. Pfingstgemeinden bilden häufig das demografische

[27] Ebd.

[28] Wobei Bockmühl ausdrücklich betont, dass die Schrift die absolute Prüfinstanz persönlicher Eingebung bleibt: »Die Heilige Schrift ist der Ausgangspunkt und ebenso der Maßstab der persönlichen Einsicht. Die Heilige Schrift muß die ganze Zeit wie der Baß in der Musik die Grundlage bilden. Sie muß die tragende Stimme unserer Stillen Zeit sein. Wir sollten zutiefst dankbar sein, daß uns die Heilige Schrift zur Verfügung steht als die objektive Basis selbst in Krisenzeiten, wenn wir uns in einem Irrgarten von Widersprüchen und Wirrungen befinden, die uns zur Verzweiflung führen, wenn wir nur auf die Stimme in unserem Innern hören.« ebd., 174.

[29] Die Pfingstbewegung in Brasilien z. B. war 1960 praktisch bedeutungslos, heute umfasst sie mehr als 15 Prozent der Bevölkerung.

Pfingstgemeinden bilden häufig das demografische Gegenmodell zu Landeskirchengemeinden ab [...]

Gegenmodell zu Landeskirchengemeinden ab – die Mehrheit der Mitglieder ist U40. Zum anderen: Die Staatsnähe, in die sich beide große Kirchen ohne Not immer weiter begeben und ihre Positionierungen im Kulturkampf, vertreiben in der Gruppe der Älteren auch noch die Konservativen aus den Kirchen, die sich in den per se theologisch konservativeren Freikirchen neue Heimat suchen.

Die EKD hat zur Pfingstbewegung inzwischen 2021eine eigene Orientierungshilfe unter dem Titel *Pfingstbewegung und Charismatisierung. Zugänge – Impulse – Perspektiven* veröffentlicht. Wenn man darin liest: »*In der deutschsprachigen evangelischen Theologie des 20. Jahrhunderts ist der Heilige Geist wiederentdeckt worden* [...].«[30] so ist das auch das Eingeständnis, dass er dieser Theologie vorher verlorengegangen war. Man kann sich im Folgenden zwar einerseits beruhigen: »*Die theologische Formel jedoch – die Wirkungen des Geistes könnten nicht unabhängig vom Wort als solche wahrgenommen werden – bleibt auch ein heute häufig verwendetes Kriterium für die theologische Legitimität pfingstlicher Geist-Frömmigkeit. Sie ist in der akademischen pentekostalen Theologie längst akzeptiert, sowohl bei Vertreter*innen deutscher Pfingstkirchen wie auch in der globalen pentekostalen Theologie und wird hier gründlich theologisch und exegetisch entfaltet.*«[31] Der gleichen Theologie wird aber auch bescheinigt, dass sie sich gerade in Deutschland der wissenschaftlichen Methodik, also der historisch-kritischen Methode, nicht öffnet: »*Neben dem Bekenntnis zur (wörtlichen) Inspiration der Bibel fallen dort* (= in der pfingstlichen Theologie) *die beiden zentralen Begriffe Unfehlbarkeit und völlige Irrtumslosigkeit der Bibel. Diese sind wiederum verbunden mit der Entwicklung einer Heilsgeschichte, deren Verständnis für die Gewichtung der einzelnen Aussagen der Bibel von entscheidender Bedeutung ist.*«[32]

Vor diesem Hintergrund ist es umso interessanter, dass die EKD und die Vereinigung Evangelischer Freikirchen (VEF) am 22. September 2024 mit einem Festgottesdienst im Berliner Französischen Dom eine Vereinbarung zum Kanzeltausch besiegelt haben.[33] Mitglied in der VEF ist auch der Bund Freikirchlicher Pfingstgemeinden. Man hat dabei den Eindruck, dass die EKD von ihrer Personalnot getrieben wird, denn theologisch passt hier vieles nicht zusammen.

---

[30] Pfingstbewegung und Charismatisierung. Zugänge – Impulse – Perspektiven. Eine Orientierungshilfe der Kammer der EKD für Weltweite Ökumene, hrsg. v. d. Evangelischen Kirche in Deutschland (EKD), Leipzig 2021, 57.

[31] Ebd., S. 63.

[32] Ebd., S. 75.

[33] Dasselbe Evangelium. Kanzeltausch: Evangelische Kirche und Freikirchen unterzeichnen Erklärung, in: Glaube und Heimat, Nr. 38, 24.09.2024.

Vom Ausgangspunkt dieses Beitrags her betrachtet heißt das, dass zwar niemand in die Zukunft sehen kann, aber perspektivisch könnte es möglicherweise einen späten Triumph des Müntzerschen Ansatzes der Geist-Präferenz mit allen seinen Folgen – Mündigentaufe und staatsskeptische Einstellung – gegenüber dem Ansatz Luthers, vor allem aber von Luthers Nachfolgern geben.

Prof. Dr. Andreas Lindner ist Studienfachberater Bachelor Evangelische Religion / Evangelische Religionslehre und Fachverantwortlicher für Kirchengeschichte und Systematische Theologie an der Universität Erfurt.

Mönchsgestühl für Touristen und ein verstreuter Konvent

von Martin Grahl

Die meiste Zeit des Tages bleibt das mittelalterliche Gestühl vor dem Kreuzaltar im »Weltkulturerbe« Doberan unweit von Rostock und der Ostsee verwaist. Aber dann zur Öffnungszeit setzt sich doch so mancher hin. Andere trauen sich kaum: Darf man das denn hier? Kirchengestühl bietet eine Bank, auf die man trauen kann.

Gezimmert war dieses fest eingebaute Mobiliar fürs Gebet. Bete und arbeite! Gearbeitet wird heute viel. Emsig surren die Hochleistungsrechner und fangen sogar an zu »denken«, wenn auch nur nach Befehl und vorarbeitenden Mustern, Paradigmen, Algorithmen, die man wie junge Pferde auf die Frühlingsweide eines neuen Zeitalters lässt.

Für uns lautet die Formel anders als für die Benediktiner einst: Arbeite und habe frei!

Gebetet wird weniger, auch in der »Kirche«. Da wird vor allem verwaltet, organisiert.

Gebetet wird weniger, auch in der »Kirche«. Da wird vor allem verwaltet, organisiert. Und es werden sich Sorgen gemacht, schwere Sorgen, für die man millionenschwere Verwaltungsgebäude benötigt, Kompetenzzentren, die über Leuchtturmprojekte nachdenken und sehr viel rechnen. Ihr Charakterzug ist: Nach innen äußerst bedenklich in jeder Richtung nach Sparmöglichkeit und Effizienz Ausschau halten, nach außen hin: Optimismus verbreiten. Wo einst ein Seelsorger in der Gemeinde wohnte und mit ihr lebte, geht alles viel besser und reibungsloser mit einem digitalen »Kirchenschreibtisch«, dem Churchdesk. Auch sind aus einer konkreten »Gemeine« vor Ort, der Kirchenöffentlichkeit für jedermann, »Gemeinden« geworden, in die man ein- und austritt, wo man »Mitglied« ist anstatt sich als Glied am Leib Christi zu wissen.

Das Mönchsgestühl ist zurückgeblieben und verwaist. Als die Mönche nach der Reformation von Doberan ins Tochterkloster Pelplin auswanderten, drohte ihr Münster zu verfallen. Die ganze »Gemeine« sollte nach der Vorstellung der Reformatoren in einer Art Familienverbänden zum offenen »Oratorium« in der Welt werden. Der Kirchenbegriff wandelte sich derart, dass man auf das gesamte Kirchenrecht mit Papst, Bischöfen und Ablasshandel pfiff und man, was, abgesehen von einer konkreten Gottesdienststätte, vor Ort zu ordnen war, dem Landesvater zu treuen Händen gab: Sollte er getrost als Landesvater »Verwaltungsbischof« spielen, den Bischofsadministrator mimen. Bischöfe im geistlichen, also liturgischen Sinn seien fortan die Pastoren vor Ort. Mehr bedarf es nicht für Wort und Sakrament, um Leib Christi im liturgischen Sinn zu sein.

Eine Frau, Herzogin Elisabeth von Mecklenburg, rettete zunächst das Münster, indem sie daraus eine Fürstenkirche machte für anstehende Begräbnisse ihres fürstlichen Hauses. Später dann wurde sie Gemeindekirche für die sich ums alte Kloster gebildete Stadt, ab dem 19. Jahrhundert »Bad Doberan«. Der Herzog des Landes hatte entdeckt, dass man in der Nähe gut »Urlaub« machen könne am Meer und schuf eines der ersten »Ostseebäder« in Heiligendamm. Der Name verwies auf ganz andere Geschichten, aber nun war es dem gewidmet, was uns in erster Linie »heilig« ist: der Freizeit, der Erholung, dem Innehalten im Strandkorb bei Wind und Wellengeräusch, und dass man sich badet. Gibt das Lebenssinn, Erfüllung der Seele? Ein junger Autor meinte letztens, »Seele« sei ihm zu kitschig vorgekommen bei Rilke und tauschte es aus in »Hände«. Er hat vom Wesen unserer Zeit viel verstanden.

Um zu erzählen, wie es mit der »Kirche« weiterging: Nach der auch unheilvollen Allianz von Thron und Altar, der Trennung von Staat und Kirche, zog das »geistliche Ministerium« in Schwerin um in einen zunächst noch prachtvollen »Oberkirchenrat«. Heute sind die »Kirchenämter« geschätzt fünfmal so umfangreich. Die Atmosphäre ist kühl sachlich, einige haben sogar Stechuhren. Dafür ist die Zahl der »Beichtkinder«, wie man sich vor Jahrhunderten einmal ausdrückte, prozentual schon um die Hälfte geschrumpft, die Zahl der PastorInnen nimmt noch drastischer ab. In einer Landgemeinde wohnten manchmal nur drei- bis vierhundert Christenmenschen, nicht dreitausend Kirchensteuerzahler. Das war kein »Pastoralbezirk«, sondern »Gemeine« mit geistlichem »Hirten«, *ihrem* Pastor.

Mit der Trennung von Staat und Kirche ist der Staat endgültig in die evangelischen »Landeskirchen« eingezogen, einem politischen Begriff. Wir verstehen vielleicht noch nicht recht, was die These 5 von Barmen sagt, die Kirche solle über ihren besonderen Auftrag hinaus keine »staatliche Art« haben.

Da sind wir denn nun bei der Kirche ohne Anführungszeichen, ich meine zunächst das Kirchengebäude. In Doberan gibt es darin auf jeden Fall deutlich mehr als Gottesdienstbesucher interessierte »Touristen«, Frei-Zeit-Menschen. Das Münster muss und kann sich gut auf dem Freizeitmarkt behaupten. Es war nicht so leicht, auf die Weltkulturerbeliste zu gelangen. Es gibt Newsletter, gehörig Öffentlichkeitsarbeit und organisierte »Kirchenführungen«. Die fleißige Truppe dort macht ihre Arbeit gut. Der kunstvolle Steinhaufen mit all dem Mobiliar verlangt beständiges Restaurieren und Bauen. So steht dann auch dankbarerweise das Mönchsgestühl den Betern unter den Touristen ohne Absperrbank zur Verfügung. Wikipedia definiert ganz fein: »Der Tourismus (auch Touristik oder Fremdenverkehr) ist die temporäre Ortsveränderung durch Reisen von Personen in Destinationen, die sich außerhalb ihres üblichen Wohn- oder Arbeitsorts befinden. Die reisenden Personen werden Touristen genannt.«

Arbeite, aber setz dich auch sonntags, besser noch täglich ins Betgestühl!

Arbeite, aber setz dich auch sonntags, besser noch täglich ins Betgestühl! Und so kommen wir denn endlich auf den Kern des Wortes »Kirche«. Sie ist gemäß der *Confessio Augustana* die stattfindende Versammlung der Glaubenden vor Gott.

Ob er in der Kirche wohnt? Er offenbart sich uns in Wort und Sakrament. Das wissen wir, das haben wir so gelernt, aber erfasst unser Herz dieses gewaltige Geschehen?

Die Römisch-Katholische Kirche macht die volle Messe noch vom Zölibat und der Anwesenheit konsekrierter Priester (kirchenrechtlich) als verlängerte Arme des Bischofs abhängig. Wir Evangelischen sehen uns abhängig von möglichst akademischer Ausbildung, von Stellenplänen, Kirchensteueraufkommen und Terminkalendern. Da fallen viele Gottesdienste aus, wir nennen sie ohne rot zu werden »kirchliche Veranstaltungen«. Abendmahlsgottesdienste werden ausnahmsweise, also nicht sonntäglich gefeiert. In Doberan jedenfalls ist an jedem Sonntag Abendmahl, wie es sein sollte und es auch jeder versteht, der sich die Mühe gibt, darüber nachzudenken, der noch nicht verlernt hat, liturgisch zu denken.

Nicht nur das Mönchsgestühl in Doberan erscheint wie verwaist, ganze Kirchen sind es. Weil keine, keiner da ist zum Predigen, fällt selbst der Wortgottesdienst aus? Auch akademische »Laien« können singen, beten und einander aus der Bibel vorlesen. Und so kommen wir dem Sinn des mittelalterlichen Mobiliars noch einen Schritt näher. Vor dem Kreuzaltar beteten die Laienbrüder miteinander, mehrfach am Tag, vermutlich morgens und abends.

Wir dürfen uns nicht als »Veranstalter« unserer Gottesdienste ansehen. »Gott lädt uns ein«, lautet ein »Sacropop«-Titel. Ganz vergessen haben wir das offenbar doch noch nicht. Und da laufen die Dinge völlig anders: Gott macht keine »Öffentlichkeitsarbeit«, er tummelt sich auch nicht »im Internet«. Er wohnt »im Himmel«, wie die Heilige Schrift sagt, und das Münster bildet diesen liturgisch ab. Das »Weltkulturerbedenkmal« ist liturgisches Gerät.

Foto: Rolf Gerlach

Es ist absurd, wenn die Evangelische Kirche einerseits sagt, jede Frau und jedermann könne und solle auch ungefiltert die Heilige Schrift wahrnehmen und wir andererseits das sonntägliche gemeinsame Gebet von Predigtkompetenzen und Stellenplänen abhängig machen.

Im Mönchsgestühl des Oratoriums versammelte sich der Konvent der Zisterzienser über Jahrhunderte nicht nur mal sonntags am Vormittag. Sie sangen mehrmals an jedem Tag, von der Früh bis in die Nacht und bedurften dafür keiner akademischen Predigt, und gerade darum waren die Klöster Stätten höchster theologischer und geistlicher Bildung, nicht umgekehrt. In den Stundengebeten wandten sie sich Gott zu. Die Hauptrichtung war auch hier umgekehrt: Sie nahmen Tag für Tag, Hore für Hore hier den wahr, der sich uns unablässig zuwendet.

Nach der Reformation übernahmen vor allem die Schüler und Studenten das tägliche Beten, über die Woche zweimal täglich. Wurden sie Pastoren in Stadt und Land, hörten sie damit nicht auf. In orthodoxen Ländern ist dies für Priester immer noch Selbstverständlichkeit, und es kommen auch Leute aus der Gemeinde hinzu, kleine Gruppen zwar, aber die Kirche ist die Woche über alles andere als »tot« und die Pforte zum Himmel ist auch nicht durchweg abgesperrt aus Angst vor Dieben. Kerzen und stille Gebete sind das eine, das andere aber ist das erklingende, also geschehende Wort Gottes in der Liturgie, Offenbarung, gemeinsam wahrgenommenes Evangelium.

Wir sollten verstehen, dass hier nicht alte Riten noch gepflegt werden, sondern dass wir es bei unseren Kirchen mit Offenbarungsorten zu tun haben. Und es wäre verwegen, hätten wir da den Anspruch, immer gleich alles davon verstehen zu wollen. Mit Gottes Wort kommt man nicht ans Ende, da beginnen wir. Überhaupt kann man das einem nur begrenzt »erklären«. Es ist aus sich selbst klares Licht. Es ist sogar verwegen, es erklären zu wollen. Man vermag höchstens, anderen und sich ein wenig zu helfen, Klarheit und Licht des Wortes Gottes besser wahrzunehmen.

In Doberan werden Stundengebete immer wieder gesungen, auch von den dort tätigen »MitarbeiterInnen«. Und dreimal im Jahr trifft sich hier zum Singen und Beten ein kleiner Konvent nach dieser Ordnung, die (noch?) im Gesangbuch steht, wenn auch nur im »Anhang«. Es sind zumeist PastorInnen, die sich vornehmen, jeweils donnerstags dort, wo sie andernorts leben, namentlich füreinander und in Gottes Geist miteinander verbunden zu beten. Das ist in tieferem und sogar größerem Sinn »Kirche« als ein Landeskirchenamt.

Es ist ein wunderbares »Erlebnis«, im großen Münster miteinander zu psalmodieren, einen Hymnus gemeinsam zu singen, gern auch einen von den »schwer« zu singenden, der so seine ihm innewohnende Kraft entfaltet. Man verschmilzt ohne Aufwand mit der Kirche in all ihrer Schönheit und wird Teil dieses geistlichen Raumes. Das ist etwas gänzlich anderes als eine bloße Freizeitbeschäftigung oder Erholungsmaßnahme. Da ist dann das Wort »Seele« kein Kitsch, und die Hände können getrost in sich ruhen.

Heilsam wirksam für die Geschichte, also das Leben von Kirche, waren nicht Strukturreformen, das waren Frauen und Männer, die geistlich zu leben verstanden.

Heilsam wirksam für die Geschichte, also das Leben von Kirche, waren nicht Strukturreformen, das waren Frauen und Männer, die geistlich zu leben verstanden. Das waren Kirchenväter oder Frauen wie Hildegard von Bingen und Elisabeth von Thüringen. Das ist auch heute nicht anders. Bewegung in unsere »Organisation« haben Menschen wie Chiara Lubich, Mutter Teresa gebracht, obgleich sie nicht einmal evangelisch waren. Oder auch Schreibende und Redende, ob nun Jörg Zink, Karl Barth, die »liturgische Bewegung«, als sie bei der Gesangbuchgestaltung noch ein entscheidendes Wort mitzureden hatten, Anselm Grün und andere. Wo sind sie heute, die Menschen in den Bann ziehen, einfach nur, weil sie im Glauben reden und leben? Sie alle wollten nicht die Menschen »begeistern« ob ihrer wunderbaren Fähigkeiten, sie verstanden nur, andere teilhaben zu lassen an dem, was sie »gesehen und gehört« haben. Es geht nicht um Meister des Glaubens, sondern um uns, wenn wir wie über Jahrzehnte Roger Schutz statt vor allem zu organisieren, planen, Sorgen nachzulaufen – beten. Dafür haben wir mehr als genug an Kirchengebäuden. Was hatte unsere Kirchen in Europa in den letzten 70 Jahren den vielleicht stärksten Impuls gegeben? Ein ökumenisches Kloster in Südfrankreich. Da wurde gebetet und gesungen. Kein Sacro-Pop. Wenig Predigt, »nur« zurückhaltende, eröffnende Auslegung von Bibelstellen in Briefen.

Ein Nebenblick auf den Ort der Kanzel in unseren Kirchen mag erhellend sein: Im Mittelalter war ihr Platz gewöhnlich mitten im Kirchenschiff, immer jedoch an der Seite, wie auch auf dem berühmten Bild von Luthers Predigt in Torgau. Die Predigenden stellten sich bei ihren Auslegungen nicht zwischen Gemeinde und den Altar. Dann kamen Kanzelaltäre auf, gepredigt wurde nun von oben her, aber immerhin in klarem Bezug zum Abendmahlsort. Es widerstrebt dem Geist der Liturgie, wenn Predigt heute vielfach als eine Unterbrechung der Liturgie wahrgenommen wird, unterhaltsam und als gemeindepädagogische Aktion zur Verstärkung oder gar Rettung des Glaubens. Hier präsentiere sich niemand. Es kommt nicht auf *seine* »Präsenz« an. Er hasche nicht nach Aufmerksamkeit.

Martin Luther hatte nicht als Denker in seiner Mönchszelle die Reformation ausgelöst. Er war betroffen im Beichtgeschehen und begann betend zu verstehen, was da in »seiner Kirche« gründlich schief lief. Dann erst folgte das Denken, das Ordnung in die Dinge brachte. Das Ziel seines Wirkens war nicht eine neue Theorie, sondern eine Deutsche Messe, ein erstes volkssprachliches Gesangbuch und eine Bibelübersetzung, die geeignet war für die gottesdienstliche Lesung. Die Volxbibel als pädagogisches Instrument in allen Ehren, zum Gottesdienstfeiern eignet sie sich nicht.

Die »Kirche« gewinnt nicht die Welt, wenn sie ihr nachläuft. Die Mönche flohen sie sogar und gewannen so Gottes Wort für sich in dieser Welt. Ihr Münster zeigt uns bis heute diesen Gewinn an. Die Kirche retten nicht Strukturwandel, Rechenkünste, Sparmaßnahmen oder Kirchenämter mit ihren »Arbeitsstellen«. Gott bewahrt seine Kirche durch Wort und Sakrament, ihnen haben wir uns zuzuwenden, sonst sind wir des Wortes »Kirche« nicht würdig. Den Dreifaltigen sollen und dürfen wir mit ganzem Herzen und all unserer Vernunft lieben, dann werden sich auch dort Wege finden, wo wir nur Labyrinthe, Verlust oder wüste Leere sehen. Er wird uns Wege zeigen und steile Berge zu begehbaren Tälern werden lassen. Das ist nicht frommer Wunderglaube, sondern Verstehen: Es ist nicht »unsere« Kirche, um die es geht, es ist das

Himmel-Reich, für das unsere Kirchen als Pforten übers Land verteilt sind. Das sind sie, wenn wir in ihnen singen und beten und sonntäglich Abendmahl feiern. Veranstaltungen kann man planen oder auch ausfallen lassen, den Sonntag nicht. Er ist Gebot Gottes. Und der »Kirche« ist es aufgetragen, dem Gebot zu folgen. Erfüllt sie diesen Zweck nicht, ist alle ihre Effizienz Staub im Wind.

So warten denn in Geduld Kirchenbänke oder Mönchsgestühl auf uns, auf dass wir dort singen und beten und uns das Wunder von Gottes Wort nicht entgehen, entgleiten lassen, dass wir es nicht schon wieder verpassen, weil wir den Sonntag nur der »Freizeit« widmeten oder einen Gottesdienst, der heute geschehenden Offenbarung mit Schwatzen, frommen Anekdoten, fetzigen Aktionen und Abkündigungen verdorben haben. Gottesdienst ist nicht die erbauliche und unterhaltsame Versammlung von Leuten, die an ihrem Glauben basteln, sondern gewagter Schritt auf Gott hin. Wir können es gelassen hinnehmen, wenn wir als Fremdkörper in der postmodernen Kultur wahrgenommen werden und nicht »markttauglich« erscheinen. Werfen wir uns als »Kirche« auf den »Markt«, haben wir die Perle, von der Christus spricht, fortgeworfen, anstatt alles dafür zu geben, sie zu besitzen, damit wir das Wort »Seele« nicht für Kitsch erachten. Der die »Perle« kaufte, nahm sie vom Markt und erklärte sie für unverkäuflich. So geht das mit dem Himmelreich.

Gottesdienst ist nicht die erbauliche und unterhaltsame Versammlung von Leuten, die an ihrem Glauben basteln, sondern gewagter Schritt auf Gott hin.

Pf. i. R. Dr. Martin Grahl lebt auf Fehmarn und gehört dem Doberaner Klosterkonvent an. Er ist Autor mehrerer Bücher zu Liturgie, Kirche und Kirchenjahr.

Bücher

Neuner, Peter: Ökumenische Theologie. Vollständig überarb. Neuausgabe. Freiburg i. Br.: Herder 2025. 343 S. Geb. EUR ISBN 978-3-45-102460-3.

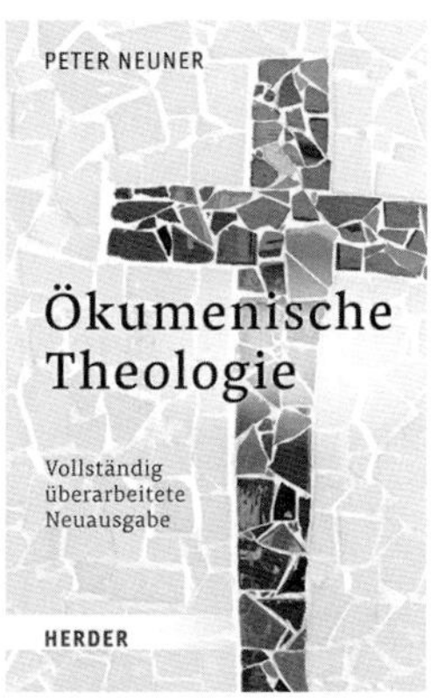

Ein Leben für die Ökumene – so muss man wohl über Peter Neuner sprechen, den emeritierten Dogmatiker aus München und römisch-katholischen Priester, der 2026 85 Jahre alt wird. Ein geistliches und wissenschaftliches Leben, das nicht aufgeben mochte, nach dem Verbindenden zwischen den Kirchen und Konfessionen zu fragen, beharrlich, liebevoll, tiefschürfend. 1997 erschien in erster Auflage seine *Ökumenische Theologie* in der damals noch existierenden Wissenschaftlichen Buchgesellschaft; nun hat Neuner sie vollständig überarbeitet und bei Herder herausgebracht.

Bei einem Kriminalroman würde ich es nicht machen, aber bei einem solchen Werk erlaube ich es mir und lese den letzten Satz zuerst: *»Begründet werden [...] muss nicht die Einheit, sondern die Trennung«* (303). So und ähnlich ist das Anliegen der christlichen Ökumenebewegung schon oft benannt worden. Neuner hat auch keinen Originalitätsanspruch, sondern möchte einen Überblick schaffen, mit dem es sich arbeiten lässt. Und das gelingt ihm, wieder, darf ich sagen, weil ich die Erstauflage vor fast dreißig Jahren auch schon mit Dankbarkeit studiert habe. Und wie beginnt er? Im Vorwort schildert er Gottesdienste der Weltgebetsoktav für die Einheit der Christen, wie sie die *Arbeitsgemeinschaft christlicher Kirchen* (ACK) immer wieder ausarbeitet und durchführt. Damit ist der Wegweiser gesetzt: Im Zentrum des christlichen Glaubens steht die Feier der Gegenwart Gottes in Gebet und Gottesdienst. Und diesem Zentrum hat die theologische Arbeit zu dienen.

Neuner wäre kein Dozent, wenn er nicht solide mit Begriffsbestimmungen beginnen würde: *»Begriffsgeschichte und ökumenische Motivation«* ist das erste Kapitel überschrieben und widmet sich Definitionen dessen, was unter Ökumene verstanden wurde. *»Die Einheit«*, betont er, *»ist der Kirche eingegeben und ihr mit ihrem Wesen eingestiftet«* (24). Und warum? Nun, weil es um den einen Herrn Jesus Christus geht, in dem wir den Schöpfergott erkennen können. Wichtig: Neuners Überlegungen zum Begriff der Einheit, der schillernd ist. In der Philosophie tendiert er eher zum stiftenden Prinzip und tragenden Grund, während die Soziologie nach zählbarer Einheit (also nach Einheiten) fragt. Beide Perspektiven lassen sich auch in der theologischen Diskussion erkennen: Soll die Kirche eine Einheitsorganisation sein oder müssen wir nach Einigendem in den Kirchentümern fragen?

Wenn sich Neuner nun der *»Geschichte der Ökumenischen Bewegung«* (33–78) widmet, merkt man, dass er sich auf sicherem Terrain befindet. Das Kapitel ist eine wunderbare Zusammenfassung von Ereignissen, Einigungen, Verwerfungen, wie sie übersichtlicher kaum sein könnte, eine Konfessionskunde in nuce, die die Lektüre größerer Kompendien erspart. Das Werden des *Ökumenischen Rates der Kirchen* (ÖRK), seine Vollversammlungen und Beschlüsse werden anschaulich geschildert. Schon dies zeigt, wie weit Neuners Ökumenebegriff ist, hätte er doch auch (als römisch-katholischer Dogmatiker) mit der verengenden Sicht der *Rückkehrökumene* argumentieren können. Nein, dies ist sein Weg nicht. Seine konfessionelle Prägung will und kann er nicht verleugnen, doch steht für ihn fest, dass der Status Quo der Trennung und des Dissenses immer neu in Frage gestellt werden und überwunden werden muss (13)! Auch die durch die eigene Verrechtlichung der Dogmen unbeweglichste der Kirchen, die römisch-katholische, könnte mehr zu einer Veränderung beitragen, als sie derzeit vollzieht (14).

In welcher Welt bewegen wir uns, wenn wir nach der Einheit der Kirche fragen? Dass wir in einer Zeit der Säkularisierung leben, mag ja mittlerweile ein Gemeinplatz sein, doch Neuner weist sogleich daraufhin, dass dies nur für bestimmte Teile der (westlichen) Welt gilt. Denn unübersehbar können wir eine *»Verbuntung von Religion«* erkennen, die einerseits zu einer Entkirchlichung führt, zugleich aber von einem *»Religionsfieber«* in der südlichen Hemisphäre begleitet wird (12; allein für diese beiden Begriffe muss man Neuner dankbar sein). In diese unübersichtlich gewordene Welt kommt die ökumenische Bewegung hinein und muss sich nach ihrer Aufgabe und, dies eben auch, nach ihrer Glaubwürdigkeit fragen lassen. Dass er die Ökumene auch zwischen den Religionen erfragt, ist dann nur folgerichtig (übrigens ist dies keine neue Entwicklung, sondern begleitete die christliche Ökumene von Beginn an, denken wir an einen ihrer Urväter, den schwedischen lutherischen Erzbischof und Denker Nathan Söderblom, der 1930 mit dem Friedensnobelpreis ausgezeichnet wurde und für den die Religionen immer ein Gesprächsgegenüber waren).

Um nun die theologischen Themen der ökumenischen Bewegung bearbeiten zu können, bedient sich Neuner zweier Werkzeuge, nämlich der Basisformel des ÖRK (*»Der ÖRK ist eine Gemeinschaft von Kirchen, die den Herrn Jesus Christus gemäß der*

Heiligen Schrift als Gott und Heiland bekennen und darum gemeinsam zu erfüllen trachten, wozu sie berufen sind, zur Ehre Gottes, des Vaters, des Sohnes und des Heiligen Geistes«) und des Ökumenismusdekrets des 2. Vatikanischen Konzils (1962–1965). Einerseits ist dieses Vorgehen nachvollziehbar, denn so können nun theologische Aussagen, dogmatische Entwicklungen, Lehrverwerfungen und alte Anathematismen auf den Seziertisch gelegt und auf ihre Einheitstauglichkeit hin untersucht werden. Auf der anderen Seite zeigt sich damit die Schwäche dieses klassischen Ansatzes überdeutlich, kann er doch nur die Strömungen und Konfessionskirchen in den Blick bekommen, die sich am ökumenischen Gespräch beteiligen können und wollen! Neuner vergleicht Dokumente – das ist in der Anlage seiner Theologie nur konsequent. Doch was ist mit denen, deren Glaube sich solchen Denkfiguren verweigert? Die Pfingstkirchen etwa scheren sich nicht um die alten Fragen nach Amt und Eucharistie, Taufe und Dogmatik. Die freien Großkirchen in den USA oder die freien internationalen Jugendkirchen zeigen sehr deutlich, dass wir von einem Ende der herkömmlichen Kongress- und Dokumentenökumene sprechen müssen. So ist Neuners Werk Zusammenfassung, Abschluss und Abgesang zugleich – ein wichtiger Baustein in einem Gebäude, das nun aber neu vermessen und, womöglich, umgebaut werden muss. Eine ökumenische Theologie für unsere Gegenwart und Zukunft wird andere Wege gehen müssen, um auf die *Verbuntung* und das *Religionsfieber* angemessen eingehen zu können.

Neuner bewegt sich auf dem sicheren Boden der alten Themen – etwa, wenn er ausführlich über das *»subsistit in«* aus dem Dekret über die Kirche *Lumen gentium* von 1964 spricht, mit dem Papst Paul VI. und das Konzil die Tür für eine neue römisch-katholische Sicht auf andere Konfessionen (und Religionen!) öffnete: Was für eine (Selbst-)Befreiung, den Geist Christi als *»Mittel des Heiles«* nicht mehr nur in der eigenen Geschichte und Institution erkennen zu müssen! Das Dekret steht in einer Folge von *»Ökumenischen Durchbrüchen«* (156 ff.), zu denen etwa die *Leuenberger Konkordie* (1973; eine innerevangelische Einigung wird lobend von einem rk Theologen gewürdigt!), die *Lima-Konvergenzerklärung* (1982; Taufe, Eucharistie und Amt), die *Gemeinsame Erklärung zur Rechtfertigungslehre* (1997), die *Charta Oecumenica* (2001) und auch das *Reformationsjubiläum* (2017) gehören.

Ja, Rom hat ein Problem. Mit wem soll der Vatikan reden? Auch die gewachsene Gesprächsbereitschaft stößt sich an der Frage, wer sein jeweiliges ökumenisches Gegenüber ist. Konfessionsbünde? Der ÖRK? Beide verstehen sich nicht als Kirchen. Wer oder was aber ist die Kirche? Der ÖRK hat immer wieder Versuche unternommen, diese Schwierigkeiten konstruktiv durch eine *Ökumene der Tat* zu umgehen (170 ff.); ihr verdankt sich etwa der *Konziliare Prozess* (seit 1989). Doch in der Orthodoxie, in vielen evangelikalen Bewegungen und auch in den westlichen Kirchen wird dies nicht unbedingt goutiert. Jesus Christus hat das Heil gebracht, keine Morallehre. Also doch Orthodoxie vor Orthopraxie? Dies ist auch Neuner deutlich, wenn er sich nun den *»Theologischen Hauptproblemen«* widmet (191 ff.), also den Fragen nach der Ekklesiologie und nach den Sakramenten, dem (Papst-)Amt, dem Verhältnis von Schrift und Tradition. Dass er die zentrale Bedeutung der Taufe für die Anerkennung der Einheit unterstreicht, (204) ist konsequent, auch wenn er sogleich den Dissens in ihrer Begründung konstatieren muss (Ist sie ein Bekenntnisakt? So Zwingli und die Taufgesinnten. Oder ist sie das Handeln Gottes am Menschen? So die römisch-katholische Kirche, das Luthertum und die Orthodoxie). Welch ein Durchbruch, als in Lima 1982 beide Begründungen als Gottes eigene Initiative in Christus zusammengeführt werden konnten (215), die jeweils eine Antwort des Glaubens erforderlich machen – freilich wieder nur für die Kirchentümer, die sich in Dokumenten und theologischen Übereinkünften wiederfinden. Die Rezeption solcher Dialogpapiere durch das Christenvolk steht dabei noch auf einem ganz anderen Blatt!

Wie lässt sich die Gemeinschaft der Kirchen denken? Die Theologie der Ökumene hat verschiedene Modelle entwickelt, um eine Konvivenz zu entwerfen, zu beschreiben und umzusetzen – etwa das Theologumenon von der *Versöhnten Verschiedenheit* (287), die *Koinonia* (289), also das Zusammenleben der verschiedenen Kirchen in der einen, die im Credo bekannt wird, die Suche nach der *Fülle der Kirche*, die ich in den anderen Kirchen erkennen möchte (290) oder die *Differenzökumene*, die nach einem geordneten Zusammenleben unterschiedlicher Kirchentypen strebt (296). Die Gefahr bleibt: Je länger sich die Theologie grübelnd über immer kleinteiligere Lösungsversuche beugt, desto praxisferner wird die Ökumene immer mehr (302).

Neuner ruft hier zur Bescheidenheit im ökumenischen Gespräch auf: Ich frage nach Christus im Gegenüber. Und ich muss immer wieder erkennen, dass die Ökumene Bekehrung verlangt – und zwar die eigene (192)! Wie dieses wohltuende Auftreten allerdings im *»ökumenischen Problem schlechthin«*, nämlich in der *»Theologie des Herrenmahles«* (226) fruchtbar werden kann, ist auch weiterhin undeutlich. Die Kirche kann als geistliche (nicht als soziologische) Größe nicht als Institution (die etwas gewähren oder verwehren könnte) verstanden werden, sondern ist (durch Taufe und Herrenmahl) eine sakramentale Wirklichkeit (237). Freilich: *»Ökumene muss sich auch leben und feiern lassen, sie muss in die gottesdienstliche Gemeinschaft eingehen und hier zeichenhaft sichtbar werden«* (226). Aber was, wenn sie dabei nur sich und einige andere Konfessionen im Blick hat? Zeichenhaftigkeit wendet sich doch auch nach außen? Und welches Bild vermittelt eine in sich uneinige Familie denen, die von draußen in die Wohnung schauen, mag man sich in seinen jeweiligen Räumen auch gut eingerichtet haben und begegnet sich einigermaßen gesittet im Hausflur? Ob ich gern zu Besuch käme, wenn ich wüsste, dass der Haussegen schief hängt? Findet nicht längst schon eine Abstimmung mit den Füßen über die Relevanz des ökumenisch-theologischen Diskurses statt?

Dankbar lege ich das Buch aus der Hand. Es ist lesbar, nachvollziehbar, einleuchtend. Eine wunderbare Zusammenfassung und Problemanzeige. Einen solch wohlwollenden Tonfall braucht das ökumenische Gespräch. Aber es muss dringend weitergeführt werden, mit den neuen christlichen Strömungen, mit anderen Religionen, mit dem Säkularismus. Dabei wird alles auf unsere Glaubwürdigkeit ankommen! Werden wir dem gerecht?

Frank Lilie

Papst Leo XIV.: Frieden! Erste wegweisende Botschaften des neuen Papstes. München: Kösel 2025. 192 S. Geb. EUR 20,00. ISBN 978-3-46-637371-0.

Im ersten in deutscher Sprache erschienenen Buch des neuen Papstes sind Ansprachen aus den ersten beiden Monaten seines Pontifikates zusammengestellt. Der Frieden ist dabei nicht das allein bestimmende Thema, doch taucht es im Hintergrund in dem von so vielen Konflikten durchdrungenen Jahr 2025 immer wieder auf. Zunächst fällt auf, vor wie vielen unterschiedlichen Gruppen und Gremien der Papst spricht. Die Reihenfolge der Daten zeigt fast tägliche Ansprachen vor einer Vielfalt von Gruppen und Gästen in verschiedenen Kirchen, Empfangshallen und Räumen. Der Ton bleibt immer verbindliche Freundlichkeit, Offenheit und Verständnis, das auf präziser Information beruht. Wieviel tägliche Arbeit hier zugrunde liegt, kann man nur ahnen.

Dies spricht gleich aus der ersten Ansprache der Sammlung vom ersten apostolischen Segen Urbi et Orbi am Tag seiner Wahl, der den großen Bogen vom Osterfrieden zur Weltgemeinschaft schlägt und für den Dienst der Kirche programmatisch festhält:

»Wir wollen eine synodale Kirche sein, eine Kirche, die unterwegs ist, eine Kirche, die stets den Frieden sucht, die stets die Liebe sucht, die sich stets bemüht, insbesondere denen nahe zu sein, die leiden« (11). Das Papstamt in dieser Kirche bezeichnet Leo XIV. als einen Vorsitz in der Liebe, die Aufgabe für alle, die in der Kiche ein Leitungsamt ausüben: »zu verschwinden, damit Christus bleibt, sich klein zu machen, damit er erkannt und verherrlicht wird, sich ganz und gar dafür einzusetzen, dass niemandem die Möglichkeit fehlt, ihn zu erkennen und zu lieben« (18). Die Schwerpunkte der Arbeit für sein Pontifikat bezeichnet er vor dem Kardinalskollegium: »die Rückkehr zum Primat Christi in der Verkündigung; die missionarische Umkehr der ganzen Gemeinschaft, das Wachstum in der Kollegialität und der Synodalität; die Aufmerksamkeit für den sensus fidei; [...]; die liebevolle Sorge für die Geringen und Ausgestoßenen; den mutigen und vertrauensvollen Dialog mit der heutigen Welt und ihren verschiedenen Elementen und Gegebenheiten« (24 f.).

Frieden, Gerechtigkeit und Wahrheit erscheinen als die Konstanten der päpstlichen Diplomatie, eine geeinte Kirche als das Ziel ökumenischer Bemühungen. Dabei bleibt die Kirche von Rom, wie es auch das zweite Vaticanum festgehalten hat, die *Mater omnium Ecclesiarum* (71). Ihr Weg zur Einheit ist ein synodaler Weg unter der Leitung des Heiligen Geistes. Vor dem Hintergrund der Schwierigkeiten der Kirchen, auch durch den Missbrauchsskandal, wirkt es fast ergreifend, wie Leo XIV. den Weihekandidaten, die den Menschen die frohe Botschaft bringen sollen, die Hoffnung vermittelt: »Dann werden wir gemeinsam die Glaubwürdigkeit einer verwundeten Kirche wiederherstellen, die zu einer verwundeten Menschheit in einer verwundeten Schöpfung gesandt ist. Wir sind noch nicht vollkommen, aber es ist notwendig, glaubwürdig zu sein« (83). Die Kirche, aus dem Brunnen der Taufe geboren, erscheint als ein Volk auf dem Weg, das auf das Wort des Evangeliums hört und es glaubwürdig vor der Welt bezeugt. Dabei steht neben dem petrinischen Prinzip der apostolischen Leitung das marianische Prinzip der Mutter Kirche, die im Mysterium *fidei* in besonderer Weise erscheint: Dies ist das Geheimnis des Glaubens, das wir im Sakrament der Eucharistie feiern. So wie der Hunger ein Zeichen unserer radikalen Bedürftigkeit im Leben ist, so ist das Brechen des Brotes ein Zeichen der göttlichen Gabe der Erlösung« (155).

Dies mögen aus der großen Vielfalt der vom Papst in nur zwei Monaten dargestellten Themen nur einige wenige Beispiele sein. Die Ansprachen erscheinen nie oberflächlich, sondern sprechen aus einer großen Stille und geistlichen Tiefe. Die Angesprochenen sind klar im Blick und werden als verantwortliches Gegenüber wahrgenommen. Die Darstellungen des Papstes zeigen ein tiefes Eindringen in das jeweilige Thema und große Achtsamkeit für seine Zuhörer. Diese Ansprachen der ersten beiden Monate des Pontifikates lassen mit zuversichtlicher Hoffnung auf den weiteren Weg Leos XIV. sehen.

Heiko Wulfert

Tietz, Christiane: Nietzsche. Leben und Denken im Bann des Christentums. München: C. H. Beck 2025. 245 S. Geb. EUR 28,00. ISBN 978-3-40-682895-9.

Es waren oft Sternstunden im Religionsunterricht der Oberstufe, wenn es um Friedrich Nietzsche (1844–1900) ging. An ausgewählten Texten und besonders an Gedichten entdeckten die Schüler einen radikalen Denker mit großer Konsequenz, der den Glauben an Gott entschieden bekämpfte und sich doch aus dem Bann des Christentums nicht wirklich lösen konnte.

Christiane Tietz hat mehrere Jahre in Zürich und in Nietzsches Wahlheimat Sils Maria gelebt. Ihr neues Buch zeugt von einer intensiven Beschäftigung mit dem Denker, ausgehend von der These, »dass Nietzsche das Christentum als Thema nicht loswurde« (9).

Die Darstellung geht an Nietzsches Biographie entlang: Die Jugend im väterlichen Pfarrhaus, der Pietismus der Mutter, der Rationalismus des Vaters. Nietzsche erlebt den frühen Tod des Vaters und wenig später den Tod seines Bruders. Die Frage nach Gottes Allmacht und dem Verhältnis von gut und böse ist früh präsent. Im Unterricht in Schulpforta ist der Religionsunterricht dem jungen Nietzsche die »Grundveste alles Wissens«. Er verehrte seinen Religionslehrer, Pfarrer Robert Buddensieg und trauerte über dessen Tod. Auch eine erste Begegnung mit einer radikalen Christentumskritik durch den Dichter Ernst Ortlepp fällt in diese Zeit.

Erste Zweifel am Christentum tauchen Ende 1858 mit der Frage für Nietzsche auf, wie die Freiheit Gottes mit der Freiheit des Menschen vereinbar sei. Die Religionskritik Ludwig Feuerbachs ließ Nietzsche nach einer menschheitsgeschichtlichen Religionsentwicklung suchen. Er formulierte immer mehr Zweifel. Dennoch wandte er sich einem Studium der Theologie zu, beschäftigte sich mit David Friedrich Strauss und Ferdinand Christian Baur und wurde sogar Schriftführer im Gustav-Adolf-Verein. Um Strauss entstand ein familiärer Streit besonders mit der Mutter, den Nietzsche mit den Worten kommentierte: »Hier scheiden sich nun die Wege der Menschen; willst Du Seelenruhe und Glück erstreben, nun so glaube, willst Du ein Jünger der Wahrheit sein, so forsche« (61). An Vorsehung und Allmacht konnte Nietzsche nicht mehr glauben. Wichtig wurde für ihn dagegen das Werk Arthur Schopenhauers und damit die zentrale Bedeutung des Willens. Mit ihm stellt er in Ablehnung der Ansicht Kants fest, dass es keine absolute Wahrheit gibt.

Nach seiner gleichzeitigen Promotion und Habilitation begann Nietzsche als Professor der Philologie in Basel. In seinem Fach verband er Geschichte, Naturwissenschaft und Ästhetik in einem pädagogischen Anliegen: »Es geht in der Philologie um eine »Belehrung«, die zu »Belebung« führt« (73). Wichtig werden die Begegnungen mit Jakob Burckhardt und Wilhelm Vischer-Bilfinger. In seiner Bewunderung für Richard Wagner beschreibt er in seiner ersten Monographie 1872 die eigentlich metaphysische Aufgabe der Musik: »Die Kunst tritt in diesem Text an die Stelle des Christentums, indem sie wie die Religion auf etwas Größeres verweist« (77). In harter Auseinandersetzung sollen die Menschen es lernen, tragische Menschen zu werden, »resolut« zu leben, um so Erlösung zu finden. Wahrheit beruht dagegen nur auf Konvention: »die Wahrheiten sind Illusionen, von denen man vergessen hat, dass sie welche sind« (83). Damit ist der Abschied vom Christentum vollzogen.

Von Wagner und seiner »metaphysischen Vernebelung« musste Nietzsche sich entfremden. Er suchte den diesseitigen Trost unter der »Krone des Lachenden«: »Nur der Schwache flieht vor der Realtität in die Religion, die Kunst oder die Moral. Der Starke sagt zur Realität ›ohne Vorbehalt‹ ja« (87). Nietzsche wollte das Ideal des freien Geistes leben: »Der freie Geist ist der, der – wie früher Gott – sich selbst bestimmt, selbst die Werte setzt, über die Dinge herrscht« (88). Was geschieht, geschieht notwendig und damit unschuldig.

Nachdem Nietzsche 1879 seine Professur aus Gesundheitsgründen aufgeben musste, begann sein »Leben als Wanderer«, das ihn ab 1881 in den Sommermonaten immer nach Sils Maria führte. Sein Denken drängte dabei zu immer neuen Erkenntnisschritten. Die Freundschaft mit Paul Rée und der schillernden Lou Salomé, die Nietzsches Grundkonflikt nannte: »des Gottes zu bedürfen und dennoch den Gott leugnen zu müssen« (103), führt in intensive philosophische Dialoge und verwirrende Beziehungen. Nach der Beschäftigung mit der Bibel und mit Martin Luther, entsteht, durchtränkt mit biblischer Sprache, »Also sprach Zarathustra. Ein Buch für alle und Keinen«. »Sein Inhalt ist ein Gegenprogramm zum Christentum. Aut Christus, aut Zarathustra« (112).

Nietzsche begann, sich konsequent gegen die »Mitleidsmoral« des Christentums zu wenden. Nächstenliebe erscheint ihm keineswegs selbstlos. Wer andere lieben will, müsse sehr viel für sich selbst tun. Die Liebe der Menschen soll dem Fernsten, dem Kommenden gelten, dem Übermenschen. Das Mitleid gilt es, gänzlich zu zerstören. Das Leid ist Teil des Lebens und nur »unter »Druck und Zwang« steigere sich der »Lebens-Wille bis zum unbedingten Macht-Willen« (123). Nietzsche wendet sich radikal gegen eine von der Kirche vertretene Moral: »Wie arbeiten die Priester? Sie fügen dem Volk selbst die Wunden zu, für die sie sich danach als Arzt empfehlen« (125). Vor ihrer Moral muss das Leben immer Unrecht bekommen, »weil Leben etwas essentiell Unmoralisches ist« (132). Der Mensch soll von der Last des Gewissens frei werden, um ohne Orientierung an der Meinung anderer sein eigenes Leben zu führen.

Damit entdeckt Nietzsche Jesus auf eine neue Weise. In einem Wahn über sein Wesen habe er sich für sündlos gehalten. Er sei ein wirklich freier Geist gewesen, der die Distanz zwischen Mensch und Gott als nicht existent erklärt habe. Er wurde »für die Schuld hingerichtet, die ihm von anderen angehängt wurde, nicht für die Schuld anderer« (142). »Die Kirche machte aus Jesu schlichter Botschaft vom Reich Gottes im Innern ein jenseitiges Himmelreich« (144). Den erlösenden Sühnetod erfand sie zur Lösung der Theodizéefrage. Der Auferstehungsglaube des »Epileptikers« Paulus führe nur zu einer Abwertung des Diesseits.

Diese Gedanken kulminieren in der Botschaft vom Tode Gottes. »Gott starb aus Mitleid mit den Menschen [...] Gott musste getötet werden, weil er in seinem Mitleid allzu zudringlich war« (150). Der Gottesglaube ist für Nietzsche lebensfeindlich. »Der christliche Gott musste getötet werden, weil der Glaube an ihn die lebensförderlichen menschlichen Instinkte, das heißt die unmittelbare Lebenskraft zerstöre« (153). Der Mensch der Zukunft ist der Antichrist, der Gottes Stelle einnimmt. Göttliche Gerechtigkeit oder eine bindende Moral gibt es nicht mehr. Auch eine Ewigkeit gibt es nicht mehr, sie geht auf in der ewigen Wiederkehr des Gleichen. Das Notwendige muss mutig ertragen werden. »Es ist kein Gott mehr nötig, der den Menschen rechtfertigt. An seine Stelle tritt das vom Menschen selbst vollzogene, ›göttliche Jasagen zu sich‹. In ihm vollzieht sich das Erlösen des Daseins« (165). Nun muss der Mensch lernen, als freier Geist zu leben, die »Umwerthung aller Werte« üben, in der sich die Herrenmoral von der Sklavenmoral abhebt. In der Erwartung des Übermenschen ist der freie Geist wertschaffend.

»Der Antichrist« ist von diesen Gedanken durchdrungen. »Der Antichrist sei ein Attentat auf das Christentum »ohne die geringste Rücksicht auf den Gekreuzigten«. Auf dieser Höhe seiner gedanklichen Entwicklung beginnt zugleich die zunehmende psychische Erkrankung Nietzsches, mit der er bereits in seinem »Ecce homo« ringt. Seine letzten Jahre verbringt er in der Pflege seiner Schwester.

Der große Reichtum der Gedanken und die hohe Qualität der Darstellung lassen sich in einem kurzen Überblick kaum wiedergeben. Die Auseinandersetzung mit Nietzsches Philosophie ist auch in unserer Zeit nötig. »Denn wer heute öffentlich für das Christentum eintritt, muss sich mit seinen radikalsten Kritikern auseinandersetzen« (181). Dem kommt die Autorin auch als Kirchenpräsidentin der EKHN in öffentlicher Verantwortung nach. Sie zeigt sich dankbar für die »anderen Antworten«, die sie in der Auseinandersetzung mit Philosophie und Theologie gefunden hat. So schließt sie mit dem Bekenntnis: »Dennoch bleibt der Glaube ein Ringen um Gott und ein Suchen nach ihm. Immer wieder gibt es dabei Momente des Findens. Und es gibt Momente, in denen ich erlebe, dass Gott schon lange mich gefunden hat. Dies sind die Momente, in denen ich schlicht nicht anders kann als glauben« (185).

Heiko Wulfert

Naglatzki, Herbert: Auf der Suche nach der Heimat – Zu Hause wo? Hamburg: BoD 2025. 141 S. Kart. EUR 15,10. ISBN 978-3-69-510072-9.

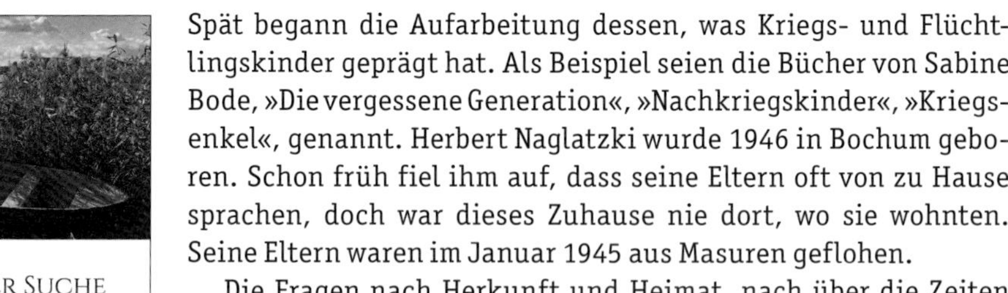

Spät begann die Aufarbeitung dessen, was Kriegs- und Flüchtlingskinder geprägt hat. Als Beispiel seien die Bücher von Sabine Bode, »Die vergessene Generation«, »Nachkriegskinder«, »Kriegsenkel«, genannt. Herbert Naglatzki wurde 1946 in Bochum geboren. Schon früh fiel ihm auf, dass seine Eltern oft von zu Hause sprachen, doch war dieses Zuhause nie dort, wo sie wohnten. Seine Eltern waren im Januar 1945 aus Masuren geflohen.

Die Fragen nach Herkunft und Heimat, nach über die Zeiten prägender Familiengeschichte bewegen Naglatzki ein Leben lang. Nach dem Fall des eisernen Vorhangs beginnen die Reisen der Familie Naglatzki in das Land der Vorfahren. Herbert Naglatzki lernte Polnisch und beschäftigte sich intensiv mit der Geschichte der Masuren und seiner eigenen Familiengeschichte. Frucht dieser engagierten und genau ins Detail gehenden Suche ist das vorliegende Buch.

Herbert Naglatzkis Eltern flohen aus dem Ort Langendorf/ Dłużec. Von der Spurensuche und den Entdeckungen in diesem Dorf und in Masuren berichtet er in seinem Buch. Zu Beginn widmen sich die Betrachtungen der masurischen Identität. Als polnischsprachige Volksgruppe im Gebiet des deutschen Reiches waren die Masuren zu unterschiedlichen Zeiten Bestrebungen nach einer Germanisierung und dann wieder einer Polonisierung ausgesetzt, die mit Verboten und staatlichen Druckmitteln ausgeführt wurden. Die Frömmigkeit der Masuren ist von evangelischem Glauben geprägt, deutsche Agenden mit polnischen Randbemerkungen zeigen eifrige Benutzung. Die Bewegung der Gromadki im 19. Jahrhundert zeigt Verbindungen und Parallelen zu Pietismus und Erweckung.

Mit reichen Details ausgestattet, schildert Naglatzki die Geschichte Langendorfs und die Spuren seiner Familie. Es entsteht ein historisches Bild aus lebendigen Personen, besonders in der Zeit vor und im Krieg und auf der Flucht. Mit allzu viel Blauäugigkeit begegnete man der Propaganda des Nationalsozialismus und es entstand vielerorts Zwietracht zwischen deutscher und polnischer Bevölkerung. Der Krieg und die Eroberung der Sowjetarmee nötigten zur Flucht im bitter kalten Januar 1945 über das Haff nach Pillau und von dort über mehrere Stationen in den Westen. Auch hier wird Geschichte in dem Ergehen einzelner Personen geschildert und anschaulich erfahrbar.

Der letzte Teil des Buches erscheint als Bericht über die Reisen der Familie Naglatzki nach Masuren, Erlebnisse und Entdeckungen. Es zählt das persönliche Gegenüber, der Brückenschlag in Begegnungen mit den Menschen in Masuren, ihrem Alltag und ihren Festtagen, der Gastfreundschaft und dem gottesdienstlichen Leben. Geschichte und Gegenwart werden greifbar, gemeinsames Leben in Kenntnis der gemeinsamen Geschichte und Gegenwart. Diesem persönlichen Zeugnis der Spurensuche eines Flüchtlingskindes ist eine große Leserschaft zu wünschen.

Heiko Wulfert

Hamrich, Hans: Zeiträume unter dem Atem Gottes. Bonn/Sibiu: Schiller-Verlag 2025. 192 S. Kart. EUR 14,80. ISBN 978-3-94-95882-7.

Autobiographische Züge, Freude am Erzählen, farbige Darstellungskunst und die immer präsente und mit den Schritten des Lebens sich verändernde Frage nach Gott bestimmen diesen Erstlingsroman von Hans Hamrich.

Michael begleitet von seiner Jugend an der Wunsch, zu schreiben. Sein Leben erscheint in wechselnden Zeitbildern, die den Lesern in ihre Szenerie hereinnehmen. Als Sohn eines Pfarrers wächst er in Siebenbürgen in Rumänien auf, erlebt das Neben- und Miteinander der deutschstämmigen Siebenbürger und der Rumänen in dem vom kommunistischen Regime unterdrückten Land. Vielerlei Umbrüche prägen das Leben des Jungen und des jungen Mannes: jugendliche Träume, Freundschaften, Sehnsüchte. Dabei enden viele Abschnitte mit Reflexionen einer Suche nach Gott, einem gnädigen und sinnstiftenden Gott, der seine Spuren in die Geschichte der Menschen einzeichnet und dem Leben in seiner Vielfalt Halt und Orientierung gibt.

Es wird keine Lebensgeschichte erzählt. Hamrich gestaltet vielmehr eine Reihe von charakteristischen Bildern, die im Überblick einen Zusammenhang erspüren lassen. Die Vorgeschichte der Familie von 1906 an, der unbegreifliche Lebensschmerz des Siebzehnjährigen, die Suche nach Liebe und Annahme, der Zugriff des Staates, besonders in der Militärzeit als Bauarbeiter, erscheinen lebensnah. Michael wird Lehrer und arbeitet an einer Schule, entschließt sich dann aber doch zum Studium der Theologie und für den Beruf des Pfarrers.

Noch im Studium findet Michael nach früheren unbeständigen Beziehungen und immer wieder aufsteigendem Sehnen die Liebe zu Klara, die sein Leben verändert. Mit ihrer Tochter beginnen die beiden nach einiger Zeit in Siebenbürgen einen neuen Lebenszeitraum in Deutschland in »Mühlheim«, einer Taunusgemeinde, in der Michael das Pfarramt übernimmt. Sensibel werden Begegnungen und Verhältnisse geschildert. Michaels Denken und Fühlen erscheint in anrührenden Bildern.

Die vielen Ebenen dieses Romans laden zu vielerlei Betrachtungen ein. Ein Stück Zeitzeugenbericht, die am besten jene verstehen werden, die Siebenbürgen und die Geschicke ausgewanderter Sachsen kennen, taucht da auf. Individuelle Lebensschicksale werden in ihren Veränderungen und Entwicklungen dargestellt. Im Schreiben deutet Michael (Hans Hamrich) sein Ergehen: »Michaels Gedanken winden sich wie die Triebe eines Weinstocks um Zeilen, die ihn schon lange begleiten. Er glaubt, aus ihnen eine Antwort Gottes auf sein Leben herauszuhören und meint, dass Gott die Wette auf ihn gewonnen hat« (188).

Wie schön, dass Hans Hamrich die lebenslange Sehnsucht, ein Buch zu schreiben, so umgesetzt hat.

Heiko Wulfert

Kusch, Andreas: Gottesgespräch. Hörendes Beten und Bibellesen. 89 inspirierende Zugänge für die Gemeindearbeit. Göttingen: Vandenhoeck & Ruprecht 2025. 267 S. Kart. EUR 25,00. ISBN 978-3-52-540051-7.

Gebet und Bibellese werden von Dietrich Bonhoeffer als die beiden Brennpunkte evangelischer Spiritualität benannt. »Sowohl beim Beten als auch beim Bibellesen findet kommunikativer Austausch zwischen Gott und Mensch statt« (13). Gebet und Bibellese unter Christen wieder heimisch zu machen und Früchte tragen zu lassen, ist Anliegen des Buches von Andreas Kusch.

Die Sehnsucht des modernen Menschen nach Selbstüberschreitung und Transzendenz erscheint auf dem Hintergrund des biblischen Menschenbildes als Zeichen der Gottesebenbildlichkeit des Menschen. Diese Sehnsucht findet nur unzureichend Befriedigung in einer Kirche, die lange Zeit sozialethisches und diakonisches Handeln in den Mittelpunkt stellte und das Gottesgespräch vernachlässigte. Doch der Einzelne und die christliche Gemeinschaft brauchen dieses Gottesgespräch in Gebet und Bibellese in ihrem täglichen Lebensvollzug.

Das Gottesgespräch ist keine Leistung des Christen, sondern entspringt der Liebe Gottes zum sündigen Menschen. Das hörende Beten des Christen wird so zu einem individuellen Gespräch der Liebe in den Formen der Klage, Bitte, Fürbitte, des Dankes und Schweigens, der Willenseinigung und Anbetung. Das Bibellesen erscheint als ein intensives Hör- und Begegnungsgeschehen. Es braucht Regelmäßigkeit und Verbindlichkeit, Sammlung bei der Lesung, Erschließung des Textes und Besinnung, Gebet und kontemplatives Schweigen. Bei gemeinsamer Bibellese gehört der Austausch in der Gruppe dazu. Was so gelesen wurde, möchte im Leben Gestalt gewinnen. Gebet und Bibellesen werden so zu einem Weg spiritueller Erfahrung, die nach der Willenseinigung mit Gott strebt.

Nach dieser Einleitung bietet Andreas Kusch »89 inspirierende Zugänge für die Gemeindearbeit« unter elf Leitthemen: *Gottesgespräch als Lebensthema entdecken, Gottesmomente im Leben ausfindig machen, Gottessehnsucht ausdrücken, Gottes Gegenwart wahrnehmen, Unruhe überwinden und zur Ruhe finden, Gottesgespräch wagen, Gebetsworte finden, Eine spirituelle Weggemeinschaft werden, Heilige Gewohnheiten entwickeln, Betendes Gottesgespräch, Meditierendes Gottesgespräch*. Hier ist eine wahre Fundgrube für die Gemeindearbeit gegeben, um Gebet und Bibellese auf neue und lebendige Weise zu entdecken und das Leben tragen zu lassen. Es geht um die Gottesbeziehung, die ganz vom Wort, vom Hören und Antworten geprägt ist. Man wünschte sich eine gleichermaßen engagierte und einladende Hinführung zum sakramentalen Leben der Kirche.

Heiko Wulfert

Adressen

der Mitarbeiterinnen und Mitarbeiter:

Prof. Dr. Holger Eschmann, Maximilianstr. 5, 72762 Reutlingen, holger.eschmann@emk.de • Ulrich Koring, Jägerhausstr. 34/1, 74074 Heilbronn, ulrich-i.koring@gmx.de • Dr. Frank Lilie, Kloster Kirchberg, 72172 Sulz am Neckar, frank.lilie@klosterkirchberg.de • Prof. Dr. Andreas Lindner, c/o Universität Erfurt. Erziehungswissenschaftliche Fakultät, Postfach 900221, 99105 Erfurt, andreas.lindner@uni-erfurt.de • Martin Grahl, Alter Kämmererweg 1, 23769 Fehmarn, Martin.Grahl@live.com • Dr. Horst Stephan Neues, Pestalozzistr. 9, 41468 Neuss, horststephanneues@web.de • Donald Orlov-Wehmann, Adolf-Scheidt-Platz 12, 12101 Berlin, wehmann@aeskulap.de • Steffen Tiemann, Haager Weg 69a, 53127 Bonn, s.tiemann@auferstehungskirche-bonn.de • Dr. Heiko Wulfert, Panröder Str. 40, 65558 Burgschwalbach, hwulfert@gmx.net.

Das Thema des nächsten Heftes wird »Reisen« sein.

Quatember
Vierteljahreshefte für Erneuerung und Einheit der Kirche
Herausgegeben von
Sabine Bayreuther, Matthias Gössling und Roger Mielke
im Auftrag der Evangelischen Michaelsbruderschaft, des Berneuchener Dienstes und der Gemeinschaft St. Michael
Schriftleitung
Heiko Wulfert
Manuskripte bitte an:
Heiko Wulfert · Panröder Straße 40 · D-65558 Burgschwalbach,
Telefon (0 64 30) 9 25 53 70, (01 51) 55 58 24 44 · hwulfert@gmx.net
Edition Stauda
Evangelische Verlagsanstalt GmbH, Leipzig
90. Jahrgang 2026, Heft 1

Bestellungen

Mitglieder der Evangelischen Michaelsbruderschaft, der Gemeinschaft St. Michael sowie des Berneuchener Dienstes richten ihre Bestellungen ebenso wie alle Änderungen nur an ihre jeweilige Gemeinschaft.
Nichtmitglieder richten ihre Bestellungen ebenso wie alle Änderungen nur an den Bestellservice oder an den Buch- und Zeitschriftenhandel. Abos können zum Jahresende mit einer Frist von einem Monat beim Bestellservice gekündigt werden.

Vertrieb: Evangelische Verlagsanstalt GmbH · Blumenstraße 76 · 04155 Leipzig

Bestellservice: Leipziger Kommissions- und Großbuchhandelsgesellschaft (LKG) · An der Südspitze 1–12 · 04579 Espenhain
Tel. +49 34206 65282
E-Mail: carola.knoth@agorando.com

Preis inkl. MwSt. zzgl. Versandkosten: Einzelheft: EUR 12,00, Fortsetzungsbezug möglich. Die Fortsetzung läuft immer unbefristet, ist aber jederzeit kündbar.

Covergestaltung: Kai-Michael Gustmann, Leipzig
Satz: druckhaus köthen GmbH & Co. KG, Köthen
Druck: MUNDSCHENK Druck + Medien, Lutherstadt Wittenberg

Bei Fragen zur Produktsicherheit wenden Sie sich bitte an info@eva-leipzig.de.
ISSN 0341-9494
ISBN Print 978-3-374-07997-1 · eISBN (PDF) 978-3-374-07998-8

www.eva-leipzig.de